萃

huá 第五辑

修身齐家观天下

太极禅
Taiji Chan

海天出版社（中国·深圳）

图书在版编目 (CIP) 数据

太极禅 / 梅林主编 . -- 深圳 : 海天出版社,
2014.1
（华）
ISBN 978-7-5507-0935-5

Ⅰ . ①太… Ⅱ . ①梅… Ⅲ . ①太极－研究 Ⅳ .
① B2

中国版本图书馆 CIP 数据核字 (2013) 第 312034 号

太极禅
Taiji Chan

出 品 人：陈新亮
责任编辑：王　颖
责任校对：万妮霞
　　　　　陈　文
责任技编：梁立新
装帧设计：深圳市言文设计有限公司

出版发行：海天出版社
地　　址：深圳市彩田南路海天综合大厦（518033）
网　　址：http://www.htph.com.cn
订购电话：0755-83460137（批发）83460397（邮购）
印　　刷：深圳市国际彩印有限公司
版　　次：2013 年 12 月第 1 版
印　　次：2013 年 12 月第 1 次印刷
开　　本：889mm×1194mm 1/16
印　　张：10.375
字　　数：269 千
定　　价：58.00 元

序

―
―
―
―

太极拳的定义

2013年8月间，郭广昌旗下的易太极在华会所的一次太极拳活动，引起了会员们极大的兴趣。那一天，马云、马化腾亦一同到华会所为郭广昌捧场。

其后，得知郭广昌与马云之间的太极拳友史。于是，便约了郭广昌的太极师傅黄忠达，讨教太极拳的宗义。黄师傅果然身手不凡，且自成体系。恰巧，深圳东部华侨城茶溪谷内的武当别院新开，两位自幼在武当习拳的道长在茶余间，演练了一套太极拳十三势。拳形变幻，若有道骨仙风之意，当下便决意去寻他师父，探究张三丰的武当太极玄奥。

那几日，正值武当秋降初寒，大雾阴雨。肖全听说我们要去武当，竟直接从丽江赶到襄阳与我们会合。于是，就有了肖全自写的《武当山日记》，记录一个摄影家眼中看到的武当太极拳。如此，经过大致三个月的采访和组稿，加上不断习拳揣悟其中的机玄，逐步形成了这一辑关于太极拳的内容。应该说，这是极具挑战的过程。

首先，很明确的是，我们不在这里做一般性的探讨。于是，排除了将其公园化的阐述模式，希望从这个全民皆知的符号背后，去寻找抽象于形之上的发展逻辑和人文脉络。这样的寻找，往往不易被当下实用的简化和便捷主义迷失其本来的面貌。

我们所理解的太极拳大致有三个层面：其一是起源，有别于以攻击为目的的武术。它最早是修道者为了弥补打坐引起的身体静止时间过长而发明的运动，到后期的拳路发展才派生出技击的功能。即便如此，也只是借力打力，"四两拨千斤"，攻击始终不是其目的。其二是修道，既然是从打坐衍生而来，自然就是修道的延续。儒家的八段锦、佛家的经行也都是对打坐的补充。因此，道家结合儒家和佛家的内容，完善其修道的方式。其三是济世，所有的修道都离不开济世，这基于中国人对"天人感应"的理解。天地造就了万物，修道就是修这个与天地同德的品质，因此，太极拳可以用来强身治病、修身养性，进而治理天下。

但遗憾的是，武当学下的太极拳在当今几乎成为隐学。太极拳在上世纪50年代，经历过大规模的简化运动。最后，一门集合道儒释三学之精髓的国粹，就变成了一项纯技术性的中老年保健运动。我们在寻找的过程中，很惊喜地发现，太极拳在许多精英阶层中开始被重新定义。那些对人与自然的伟大认知，以及由此催生的天人合一思想，必然将再次定义我们的生活，让人们站在人的角度而不是科技的角度，去打开生命中诸多"众妙之门"。

主编：梅林　2013年12月5日　深圳　华侨城

目录

卷一

Strategy

专策

太极拳以无极生太极，以阴阳五行、经络骨骼、吐纳导引变化，创造出天人合一的中国武术与养生绝学
清晨薄雾中，武当山张三丰太极传人管永星道长，在紫宵宫大殿前练习太极拳　　　摄影 / 梅林

太极拳

—

主笔 / 梅林　羽非
摄影 / 肖全　欧阳勇　　资料图片 / 付红

—

郭广昌的太极圈

武当学与太极之炁

太极拳之源流考

太极拳练法与图解

—

—

—

—

郭广昌在美国纽约华尔街推广太极文化　摄影 / 复星

郭广昌的太极圈

文 / 羽非

郭广昌和马云可能是当下最热衷于太极拳的两个商界大腕。

前者投资了易太极馆，后者与武打巨星李连杰联手投资了太极禅院。

这两人私交甚密，太极的渊源也助彼此蹴就。2008年，马云交给他的助理陈伟一个任务，给他在全国找最好的太极师傅，据说找了九位顶尖高手。后来，因为马云的推荐，郭广昌拜易太极的黄忠达练习太极拳。练了四个月后，一次师徒两人聊天。说到之前中央电视台对黄忠达有一个采访，他认为现在中国的很多太极名师，其实并不懂真正的太极。此言一出，圈内哗然。随之对其负面攻击，嘘声一片。

郭广昌对黄忠达说，在找他之前，看过他所有的资料。黄忠达笑问："当时我的负面信息比较多，为什么还会选我？"郭广昌说："我是学哲学的，能够辨别什么是对的。"

郭广昌当时的身体状况不是很好。经过马云的推荐，他产生了练习太极拳的想法。早在2004年，比他大一岁的浙商明星人物王均瑶因劳累过度，患肠癌突然早逝，给了他巨大的震动。他感慨地说："创业20年了，看看周围的朋友，一个个头发都白了、掉了。我这几年开始想，大家一起奋斗了这么多年，很多人身体都不如以前了，如果能健健康康的，大家一起再奋斗几十年，那不是很好吗？"

从习拳到投资

郭广昌刚开始习拳的时候，出现了大多数人都存在的动作不协调问题。太极拳是一个循序渐进的过程，刚开始，因为他的腿部力量不够，他太太笑他协调不好。但是，他很认真，一个动作会经常琢磨。据说，郭广昌在机场候机的空闲时间，也会"盘架子"。练习一段时间后，他的身体大有改观。到后来，增加了十来斤。黄忠达说，郭广昌原来偏瘦，太极拳是一种对健康的平衡，瘦的人会练壮，胖的人会减少多余的脂肪。

郭广昌领导的复星集团是中国最大的民营投资集团之一，忙碌的工作，并没有影响他练太极拳。即便是出差期间，他也会抽时间去太极馆练一个小时。如果所在的城市没有太极馆，他就会在酒店的空地上打上一套拳。他的体会是："做投资的人，压力难免会很大，打一套太极拳下来，人会平静很多，心情也好很多。我没有能力预测每一笔投资的波动，那是神仙才能做到的事，我只是坚持价值投资，只投资那些看得懂有市场的项目，时间自然会证明那些项目的价值。所以，保持心态很重要。"

迷上太极拳之后，郭广昌打高尔夫的时间明显减少了。他认为要想改变世界，最简单的就是改变生活方式。高尔夫是一项很好的运动，但是有局限性。打太极拳不需要很大的地方，也不需要很多的设备，更低碳，对锻炼身体也非常好。

郭广昌之后见人都极力推荐太极拳。有人问他与马云谁的太极拳打得好。他笑言：自己是用身体打太极，马云是用思想打太极。而事实上，太极拳不仅影响了郭广昌的生活，同时也影响了他经营企业的理念。复星集团的中层以上员工都开始练习太极拳。最后，他发现太极拳绝对不是健身那么简单，很多人不知道，太极拳这种运动暗藏力道，同时，深含蕴意。

2013年12月18日（纽约时间），郭广昌领导的复星国际在纽约第一大通曼哈顿广场（英文名为One Chase Manhattan Plaza）举办项目交接仪式，这意味着复星集团董事长郭广昌其以7.25亿美元（合计约44亿元人民币）从摩根大通手中买下了这栋大楼。此楼于1961年建成之后，曾为摩根大通曼哈顿银行的全球总部，并于2009年被纽约地标保护委员会授予"纽约市地标建筑"。郭广昌此次的收购交易仍是有史以来中国公司对纽约建筑的最大收购事件。郭广昌在美国扩大投资的同时，同样不遗余力推广太极拳。中国在经历过去30年以廉价劳动力输出的初级阶段之后，开始步入文化与资本输出的崭新时期。

不变的太极核心

郭广昌通过练习太极拳，看事情的角度有改变，原来有一些话想到就说，现在可能会回旋。虽然太极拳以锻炼身体为主，但以拳悟道，用太极的理念去引导一种生活方式。把太极的思想和灵魂融到工作和生活当中，这才是最关键的一点。

后来，郭广昌决定投资黄忠达的易太极馆。据说这是复星集团唯一一个没有经过商业论证，不求利润回报的项目。而实际上，黄忠达也是在2000年才开始学习太极拳的。他当时对太极并不了解，小时候看过《偷拳》之类的小说，有一个朦胧的了解。因为之前练外家拳，所以对拳架的要求非常高。接触几个老师之后，他发现老师只是告诉他拳架的练法，却没说为什么是这样的拳架；没告诉他如何去做，才可以吻合人的身体特点。练了一段时间后，黄忠达越来越迷茫，不知道怎样去练太极才是对的。然后，他又换了几个老师，都是陈氏太极拳的，但不一样。究竟哪个是对的？这让黄忠达异常疑惑，再接触别的老师，发现讲的都不一样。他才明白太极拳在传播过程中出现了问题，至少是存在分歧。

从逻辑上理解，黄忠达认为太极拳核心的东西应该是不变的。比如一辆汽车，可能有很多品牌，但发动机、方向盘、轮子这样的框架是不会变的。拳是个载体，不管是陈氏、杨氏、吴氏等，里面的内涵是不变的，其承载的太极哲学思想应该是一致的。

那太极不变的核心究竟是什么呢？

黄忠达在遍寻名师的同时，阅读了上百本古今有关太极拳和经络阴阳方面的书。最后，他悟出太极拳有三个核心：第一是阴阳五行，第二是经络骨骼，第三是吐纳导引。

太极拳从无极到太极，从静到动，是一个阴阳变化的过程，而在这个过程中，要懂得和谐与平衡，太极需要在所有动作中体现阴阳平衡的理念，做到阴中有阳、阳中有阴，形体和内在都要能得到平衡。

太极拳其实是用人体动作展示太极的核心，拳只是形式。比如建筑，外观不同但其中的力学原理不变。太极从脚到手连成一体，符合人体的力学原理和受力状态，那么肯定有一个标准的动作，其中有完美的定式要求，也就是拳谱里说的"差之毫厘，谬以千里"。差一厘米，力学结构也会产生变化。中国武术讲究的是根，也就是要符合力学结构。黄忠达说："我以前练习外家拳的时候老师告诉我这一点，但是他没有告诉我，怎样才能做到。另一个老师告诉我的是手指尖的方向和脚跟的关系，也就是头和尾的联系。"

太极拳书几乎都说，太极拳要符合阴阳五行学说，符合中医经络骨骼学说，融入道家的导引吐纳学说。黄忠达认为，中国成千上万的太极拳老师很少有人能把这三者统一起来，可以说太极拳的发展在走下坡路，现状是只注重形，不注重内在。关注点在于动作好不好看，竞技能不能赢。

行气为太极精要

黄忠达认为，中国太极拳另一个现状是舞蹈化、体操化，中国太极拳比赛的评定标准是体操和舞蹈的标准。如果某个选手拿了太极拳冠军，其实是体操冠军或者舞蹈冠军，娱乐性大过太极拳的本质。但群众往往被这种外在的东西迷惑。所以，老百姓练太极容易膝盖受伤。很多人认为，太极拳年轻时不应该练，退休后才适合练，这是一种错觉。太极拳是内家拳，要产生内气，要求用意不用力。很多人认为需要用意导气，但这是结果不是过程。如果用意导气能变成内家拳，广播操也能变成内家拳了。试问，气从哪里来，比如喝水，要有水才能喝，所以要先有气才能导。

他打了个比方，有人找我借钱，我要口袋里有钱才能借；如果我没有，就需要跟别人借。太极里借什么，就是和其他的内脏借营养和精华，被借走，是一种亏空，长期亏空会导致病变。无法用意导气，那只能当做广播体操那样做，没有气而硬去导气的人往往是非常执着的人，那内脏的气就容易亏空。

如果没有好的老师就当练习体操也没关系，当做活动筋骨。如果乱用气去练，容易走火入魔。易太极创造了很多医学奇迹，很多会员分享了这一点。每一个动作都要结合人体的经络和力学原理，主要是为了打通经络。所有问题都在经络和气血这上面。中医认为："经络通，百病消。"经络和气血息息相关，假如经络是马路，气血就是马路上通的车。外力的疏通可以造路，但造不了车。人体是精密的仪器，吃的、呼吸的东西会在身体里进入循环，经过内脏的运化，可以转换成一种米谷之气。人体的气血不行表示内脏运化功能减弱。

黄忠达将自己的太极拳取名"易太极"，易就是"简单、容易"。对每一个拳架，手的位置、方向和角度都有标准。所有的动作偏一厘米都不行。不管太极拳有多少门派，它的核心永远不会变，它的阴阳之理不会变，人体的生理特点不会变，完美的运动曲线不能变。因为是武术，还必须有完美的运动曲线，太极拳应该具备的，还有比如道家的导引吐纳之类的东西。

他认为太极吐纳导引的绝学精要，在两千四百多年以前的战国时期已经定调了，即行气玉佩铭："深则蓄，蓄则伸，伸则下，下则定，定则固，固则萌，萌则长，长则退，退则天。"

他进一步解释说，深则蓄，就是你本来在肺的呼吸，要有意识地往下压，压到丹田，叫做"深则蓄"。深则蓄在太极拳口诀里面叫做内气鼓荡，节节贯穿；我们练太极拳时收腹、下沉、含胸，因此叫做蓄则伸；伸则下，

就是要往下走；下则定，定则固，我们不断地把身体当中的能量往下走，跟地气对接，把身上的火电直接跟地气对接；对接之后还要通过节节贯穿，再往上走，因此必须要跟地气对接，才会萌芽，因此叫做"固则萌"；就像植物长上来，萌则长，萌芽之后会疯长，这个过程叫做炼精化气的过程，中医叫做气往下沉，叫做气血交融。当这个气出来之后，就会长，这个长要消耗精，精是消耗马上可以补充的。这个精，假如摔跤摔五分钟就没有了，那就没有足够的东西去转变成气，一定要通过特殊的方法去转变，让人体产生精，这个叫做有源头，叫做根本固，人气元。根固了，这个精才能产生得以转变为气，形成一个循环，这个循环叫做"长则退"。最后必须还要往下走，才能进入一个良性循环，叫"退则天"。只有进入了良性循环了，才能真正做到天人合一，把空气当中的能量吸收进来了，跟地气对接，再反弹上来。这个反弹上来的过程中，人就变成了天地能量沟通的管道。太极拳讲究节节贯穿，之前往下走，通过脚反弹上来。

内在的平衡是通过外在特定的动作使经络畅通，通过特定的动作使心血旺盛，心血旺盛最大的功能就是养五脏六腑，这样就自然而然平衡了。

黄忠达将此《行气玉佩铭》书法匾挂在太极馆中，作为易太极的习拳治学核心。

黄忠达与徒弟练习推手 摄影 / 梅林

行气玉佩铭 / 战国 / 现藏天津博物馆

玉体苍绿色，器型呈12面棱柱形。中心有一从下向端尚未穿透的圆形孔，孔壁厚0.5厘米。未加打磨，留有斧凿痕迹。阴线刻篆体文字。每列3字，凡36字。另有重文符号8个，按文理分析，在第七行首字下面漏刻一重文符号，故总计45字。

原玉旧藏于合肥李木公家（据说李木公是李鸿章的外甥），后来散落民间。1976年，天津博物馆民间征集获得此玉。郭沫若先生在其《奴隶制时代》一文中对行气玉佩铭予以解释，因此也让玉佩铭广为天下所知。

郭沫若考证的铭文如下：

"行气，深则蓄，蓄则伸，伸则下，下则定，定则固，固则萌，萌则长，长则退，退则天。天几春在上；地几春在下。顺则生；逆则死。"

郭沫若《奴隶制时代》释其文为：

"这是深呼吸的一个回合。吸气深入则多其量，使它往下伸，往下伸则定而固；然后呼出，如草木之萌芽，往上长，与深入时的径路相反而退进，退到绝顶。这样天机便朝上动，地机便朝下动。顺此行之则生，逆此行之则死。"

此后众多考古学家和气功大师也对此玉进行研究，却并不完全认同郭老的阐释。大致的观点包括，首先这不是玉佩，而是专门为修练功法精心琢造的玉器，用于铭刻这一段说明功法的文字。因此，叫玉铭更为恰当。整个玉体打磨成十二面棱柱几何体，上刻有12行45个字。

专家还认为，第一个字是"吞"字的借用，与郭沫若的释文"深"不同。另外，"伸"通"神"，是指以意气相合，凝神内照，使神气相和。"萌"作"明"更为贴切，这里是一个悟道生发的过程，不能简单理解为"萌"的一个生长之意。整个过程是呼吸的一个回合。"吞则蓄，蓄则神，神则下，下则定"，口进气自上而下，运行至腹部，就是吸气。而"退"，应为"复"，呼吸的气返还到巅顶之意。"固则明，明则长，长则复，复则天"是指行至腹下的气自下而上逐渐返还头顶，就是呼气。"定则固"则是呼气与吸气过程中的转折。

按照练功者的理解，铭文应该是：

"行气，吞则蓄，蓄则神，神则下，下则定，定则固，固则明，明则长，长则复，复则天。天几春在上；地几春在下。顺则生；逆则死。"

此文字结构与长沙马王堆出土的《经法》中"静则平，平则宁，宁则素，素则精，精则神"类似。由此可以推断，行气玉铭所描述的是"炼精化气，炼气化神"的功法，其"中空"则是炼神化虚的高级功夫。玉柱中孔，亦代表"守中""入定"的行气状态，以至达到结丹的阶段。河北大学中医老教授袁洪寿、考古学家陈帮怀等均认为不是玉佩铭，而是记录高级功法的玉铭。因此，玉铭是战国时期以文字和玉体形制结合整体来描述的道家最高深的修炼功法。

武当学与太极之炁

文 / 梅林　　摄影 / 肖全　梅林　欧阳勇

1

武当太极拳出自道家张三丰，而道家之源是老子的《道德经》。

深居武当的道学研究者云鹤认为，太极拳是武当学传承的一部分。而武当学包括了五个内容：经、图、丹、医、拳。此学的第一个内容"经"，即是《道德经》。

春秋时期，周敬王四年（公元前516年），老子因周王室内乱，从洛阳离宫归隐，骑一青牛欲出函谷关，西游秦国。一日，守关的总兵尹喜在终南山结庐造楼，夜观天象，忽见"紫气东来"，其长三万里，形如长龙，于是自语道："紫气东来三万里，圣人西行经此地。青牛缓缓载老翁，藏形匿迹混元气。"心中一琢磨，"莫非老子来了？"

于是，尹喜让人清扫道路四十里，夹道焚香，以迎圣人。七月二十日午后，尹喜望见一老者骑青牛而来，便上前叩拜，此人正是老子。尹喜迎请老子留住关中，并以师为礼，向他问道。老子百日写下五千言《道德经》授予尹喜，并约定"后会于蜀之青羊肆"。

尹喜又名关尹，周敬王时邽县（今甘肃天水）人，少好坟（三皇之书）、索（八卦之书）、素（《太公素书》）、易（《易经》）等书，因深谙天文地理，又时常登楼观星望气，后被周王拜为大夫。周昭王二十三年天下大乱，尹喜辞去大夫一职，请任函谷关令。

老子出关仙去，尹喜细读《道德经》，心中豁然开朗，决意抛开世俗，潜心修道。不日，他假托患病辞官，往蜀。之后，一路寻觅最佳的隐居修道之地，最终到达武当山。据公元5世纪南朝人郭仲产在《南雍州记》中记载："武当山有石门石室，相传云尹喜所栖之地。"

武当金顶道观大门上的木刻，描述了问道的情景　　摄影／梅林

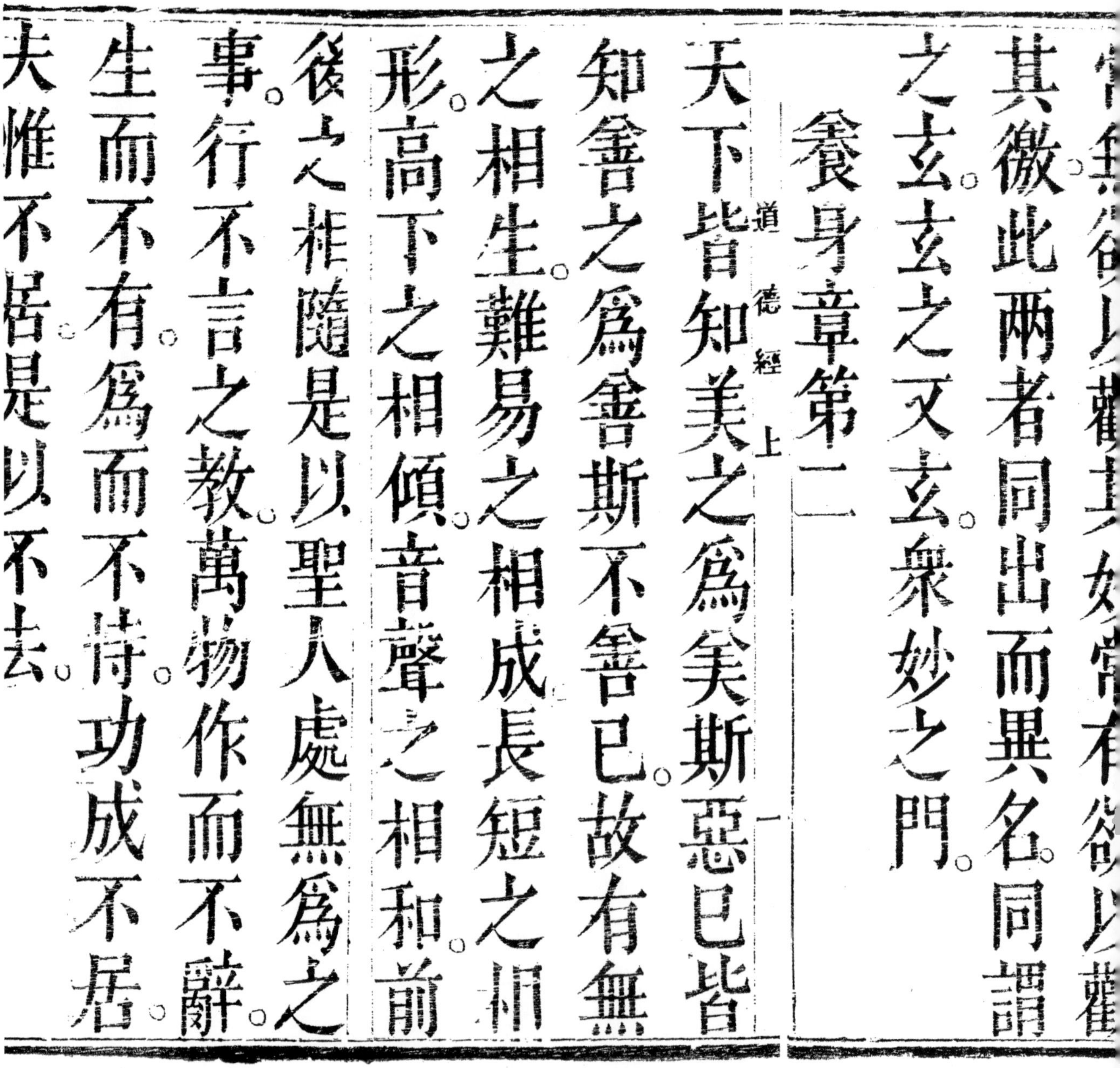

其徼此兩者同出而異名。同謂
之玄玄之又玄眾妙之門。

養身章第二

道德經 上

天下皆知美之爲美斯惡已皆
知善之爲善斯不善已故有無
之相生難易之相成長短之相
形高下之相傾音聲之相和前
後之相隨是以聖人處無爲之
事行不言之教萬物作而不辭。
生而不有爲而不恃功成不居。
夫惟不居是以不去。

《道德经》被道家奉为立教经典，分《太上老子道德经》八十一章

太上老子道經卷上

體道章第一

道可道非常道。名可名非常名。

無名天地之始。有名萬物之母。

尹喜是第一位在武当山修道的道家人物，被此后的道家信徒尊为"玉清上相"。可以说，尹喜开创了武当山作为道教中心的历史。更为重要的是，尹喜也是以《道德经》为指导进行修炼的第一位实践者。因此，武当学的第一学，以《道德经》为灵魂的经学，也是武当学的源头。

周敦颐（1017—1073年）/ 道州营道（今湖南道县）人 / 北宋著名思想家、理学先驱

邵雍（1011—1077年）/ 先世为河北范阳人，后定居洛阳 / 北宋理学家、象数家

2

武当第二个是"图"学，也就是太极图。太极图由北宋道士陈抟在武当山五龙宫闭关数年后传出。

《易经·系辞上》中，孔子曰："河出图，洛出书，圣人则之。"是说，河图洛书是易的蓝本，伏羲氏依此而作卦画，周文王拘此而演《周易》。但在北宋道士陈抟之前，只有河图洛书的说法，却没有见过图。早在《尚书》中，就有"河图"记载，因未见图，两汉时期的学者为此争论不休。后又有《河图》二十卷在隋炀帝时，因战火烧毁而失传。一直到北宋道士陈抟著《龙图序》（又名《易龙图序》）才有图传世。

陈抟为真源县（今河南鹿邑县）人，据道教文献记载，其生于唐懿宗咸通十二年（871年）十月十日，羽化于宋太宗端拱三年（989年）七月二十三日，活了118岁。陈抟于后唐长兴中，举进士不第。遂弃求仕途，而从后晋至后周，娱山玩水，游荡20年后，在武当山九室岩隐居，服气辟谷。据传其精于内丹术与易学，习睡功"锁鼻术"，可以"一睡三年"。天福二年（937年），他在蜀时作诗云："我谓浮荣真是幻，醉来舍辔谒高公。因聆玄论冥冥理，转觉尘寰一梦中。"在五代十国后期，陈抟与历代王朝都有来往。之后，他将统一的希望寄予赵匡胤。当闻知赵氏登基，他大笑从坐驴上跌下，说："天下这回定叠也。"其后，宋太宗赵光义曾两次召陈抟，向其问道天下大事。

陈抟因创绘出《太极图》、《先天方圆图》、《八卦生变图》等一系列《易》图，而被武当道家尊为陈抟老祖。在他传出《太极阴阳说》之后，依其图说，出现了宋明理学的鼻祖周敦颐（1017—1073年）的《太极图说》；张载（1020—1077年）在陈抟的"宇宙一气论"基础上，提出了"太虚即气论"，著书《太和论》，两者契合，开宋代唯物论的先河，开武当三教合流的先驱。陈抟著《正易心法》提出，周公、孔子的《易辞》是儒家一家之言，主张以儒道释三家治《易》学，应以治学、以治心、以治身、以治天下一切。其弟子邵雍在这种思想指导下，三十年潜研先天易学，"冬不炉，夏不扇"，写出巨

张载（1020—1077年）/ 凤翔眉县　　程颢（1032—1085年）河南洛阳人 /　　程颐（1033—1109年）河南洛阳人 /
（今陕西眉县）人 / 北宋理学家　　北宋理学家　　　　　　　　　北宋理学家
/ 关学创始人

著《皇极经世》，成为后世最重要的一部关于物理、天文、生态与自然的重要工具书。与随后的程颢、程颐、朱熹的《易传》，形成了系列的宋代理学系统，推动了宋明两代的社会进步。

邵雍谥号康节，与周敦颐、张载、程颢、程颐并称北宋五子，却是唯一没有入仕为官的大儒。在他临终时，当朝宰相司马光，张载和程氏两兄弟程颢、程颐守在他的榻前。《二程遗书》中记载了当时的情景：邵雍大概觉得自己要去了，却努力挣扎着示意程颢靠前。程颢以为他有重要的事情交代，于是，俯身细听，却听得他微弱地一字一顿地说："你若说生姜生在树上，也只有依得你。" 程颢遽然无言以对。这老先生弥留一口气，却还有心跟他开个玩笑。

邵雍一生陋居简行，贫至只有一间茅屋，众人不愿意在他床前商议后事，于是留下邵雍之子邵伯温。其他人到屋外小声商议安葬之事。邵雍在众人走后，跟儿子说，让他谢过众贤，请他们不要去洛阳城边选什么好风水作墓地，就在邵氏祖坟旁挖个坑简葬便是。众人议完回来后，邵雍不久去世。邵伯温将其父遗言告知众人。大家大吃一惊。原来屋外说的话，邵雍全都知道。

道学研究者云鹤在武当道教功夫学院讲《道德经》　摄影／肖全

3

与道家"经"与"图"并行的是炼丹，并由此产生了道家独特的"道医"医学体系。中国摄生养性之道有两个源头，一个是《黄帝内经》，一个是《道德经》，两者构成黄老学说的核心内容，不仅是中国医学摄生的核心，同时也是人与自然关系的认识论。炼丹则是此学说的一种实践。因此，几乎所有的高道都精于医学。在宋代之前的帝王都寄希望长生不老，请道士炼丹。但是，随着唐末连续几个皇帝因服丹药中毒之后，炼丹日渐衰落。到宋代，道家逐步从炼外丹转向炼内丹。

与太极图相应发展的同时，陈抟老祖以《无极图》指导和完善了道教的内丹体系，摒弃了外丹，而注重内丹的修炼，于是成就为武当学的第四学：丹学。陈抟以"身口为炉""宫室为灶""肾为水""心为火""肝为木"，使肝木生心火以炼肾水，水火既济，结成人体内无价"金丹"，并依《道德经》和《阴符经》发展成了不同流派的丹经。由此，开创了两宋时期"丹道"研究的高峰。

北宋张伯端在前人基础上于1075年完成《悟真篇》，内丹功法进入一个新的历史阶段。道家修炼进入内丹阶段的成就是"性命双修"。即如张三丰所说："真性在命中，而真命亦在性中。"得道于陈抟的张三丰完成了《太极丹经》，其中提到："炁脉静而内蕴元神，则曰真性；神思静而中长元炁，则曰真命。"

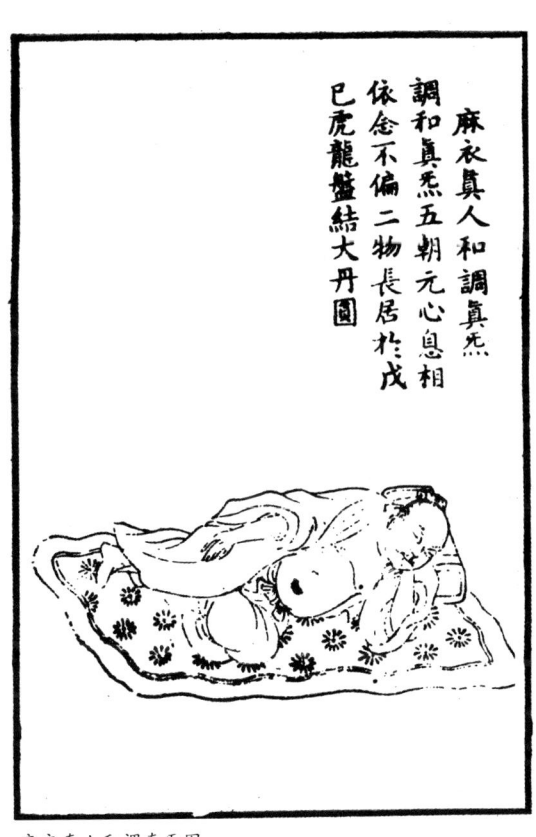

长沙马王堆出土帛书《导引图》/ 复原局部　　　　　　　麻衣真人和调真炁图

丹学的另一个重要思想是"精炁神"的修炼。这也是《黄帝内经》中关于摄生养性的重要内容——"炼精化炁，炼炁化神，炼神化虚"。此"炁"(qì)为先天之气，即为内炁，亦为元精。而呼吸和米谷之气，为后天之气。其修炼的最高境界是达到"五炁朝元"。在全真教炼丹著作《性命圭旨》中如此描述："盖身不动，则精固而水朝元；心不动，则气固而火朝元；真性寂，则魂藏而木朝元；妄情忘，则魄伏而金藏元；四大安和，则意定而土朝元。此谓五炁朝元，皆聚于顶也。"

4

道家在寻觅仙草和灵丹的过程中，又形成了道医。武当道医传人玄辉讲："道以医显。"武当山是中国中药材最丰富的地方，从炎帝神农氏时代就已经发现和采摘这里的药材，现今武当山查明有一千多种中药材。历史上道家医圣张仲景、药王孙思邈都在武当山采过药。李时珍《本草纲目》中记载的1892种中草药中，来自武当山的标本占417

种。李时珍是湖北蕲州人，离武当山很近。他写的中药材百科全书主要是在武当山做的实地调查而完成的一部工具书。于是，"道医"就构成武当学的第四学。

道医于普通人是治病养生，而对于道家丹士却是修丹的重要组成内容。武当道医独特的"四个一疗法"包括"一炉丹，一双手，一根针，一把草"。这一炉丹即指道家修炼的丹田之气，它是将人身当成炼丹的丹炉，以本身的精炁神作为炼丹的材料，在自身中烧炼，使精炁神聚而不散以成圣胎，称之为"内丹"。一双手即指用手为患者点穴按摩而治愈疾病，一根针即为针灸疗法，一把草就是武当中药。武当四大名药包括解毒医疮的"七叶一枝花"、活血止痛的"头顶一颗珠"、止血止咳的"文王一支笔"和医疮疗伤的"江边一碗水"。

道医与炼丹同出一脉，来自"经与图"。孙思邈云："不知易，不足以言太医。"

尹喜当年经过艰难的攀爬，最终登上武当山的最高峰金顶，开始他的修行，而今，此路也是游人朝圣的必经之路　　摄影／梅林

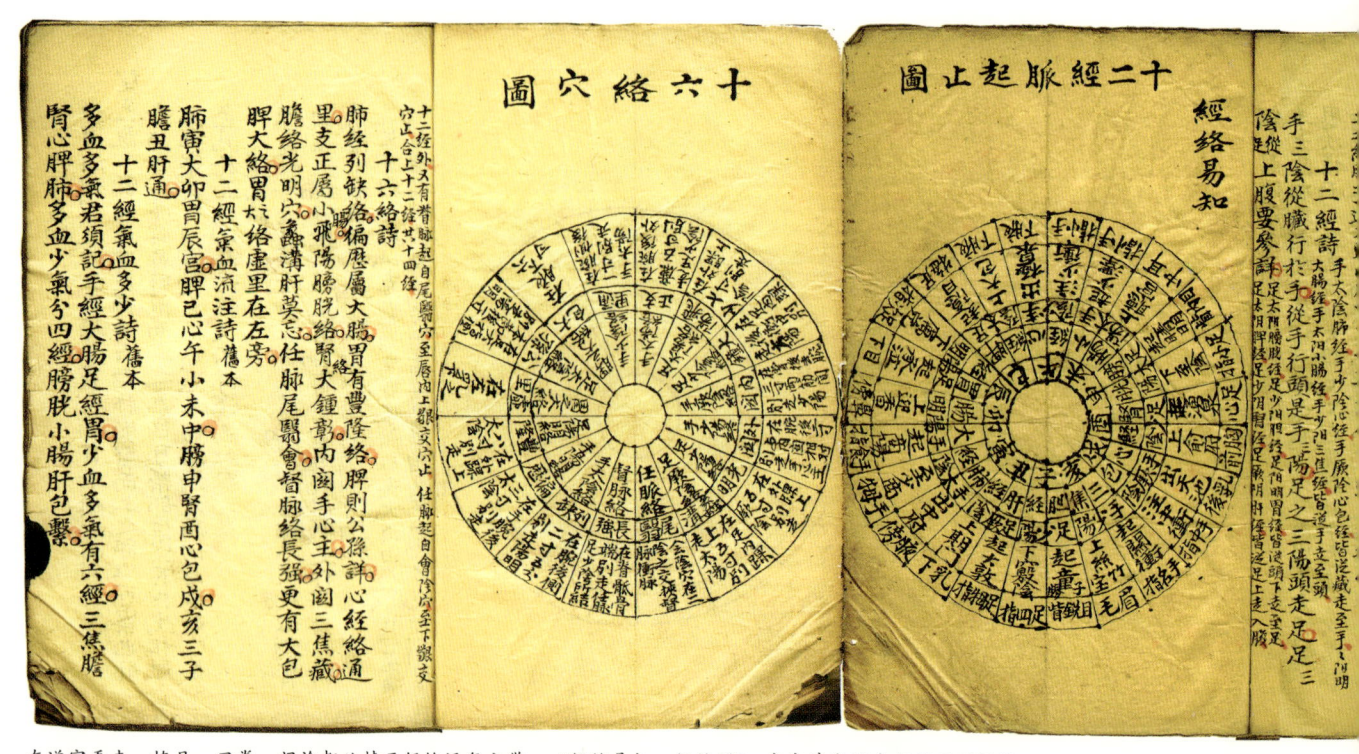

在道家看来，炼丹、习拳、问诊都必精于经络运气之学。《经络易知·经络说》出自清代陈念祖撰于1809年的《医学实在易》，是综合性医书，八卷。全书深入浅出地论述了中医的理法方药等内容，包括对脏腑、经络、四诊、运气的说明 / 清抄本 / 私人藏本

《阴符经》刻本 / 清代光绪元年湖北崇文书局开雕版本 / 私人藏本

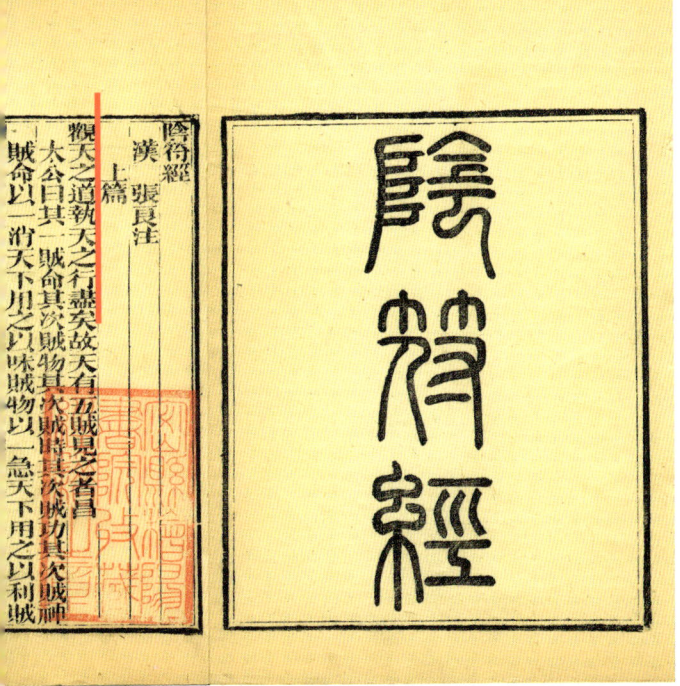

《张三丰太极炼丹秘诀》云："有七针先生者，常持七钧针，治人痰多奇效。人逐以七针呼之。先生亦以此自名。三丰二字横竖分观，盖针之，有七也。"擅长针灸的张三丰对经络和穴位造诣极高，这正是其发明太极内家拳的基础。

三丰祖师在修炼内丹通向"五炁朝元"时，创立了太极十三势，成为太极拳最早的架势。因此，太极拳在很大程度上传承了内丹学的精髓，太极拳也被后人归类为内家拳。

5

道家学者云鹤认为，张三丰在打坐炼丹的过程中，发展了内家拳十三势。此静与动之间转换的同一核心是以"炁"为体，动作为用。静为阴，动为阳。静为无极，动为太极。动静转换之间以无极生太极，太极化阴阳，阴阳动，后天之气殆尽，先天之炁自然增长。阴阳又生动静虚实。这是"实"和"虚"的状态。"动"与"实"是绵绵不绝的动作，"静"与"虚"是看不见的体内真炁。

张三丰认为行拳与打坐是结合的，基本要领是《道德经》中的"致虚极，守静笃"六个字。《道德经》第十六章云：

"致虚极，守静笃，万物并作，吾以观复。夫物芸芸，各归其根。归根曰静，静曰复命。复命曰常，知常曰明，不知常，妄作，凶。知常容，容乃公，公乃王，王乃天，天乃道，道乃久。没身不殆。"

《张三丰太极炼丹秘诀》中对"致虚极，守静笃"的释义为："二句可浑讲，亦可拆讲。浑言之，只是教人入定之功耳。拆言之，则虚是虚无，极是中极，静是安静，笃是专笃，犹言至吾神于虚无之间，而准其中极之地，守其神于安静之内，必尽其专笃之功。"

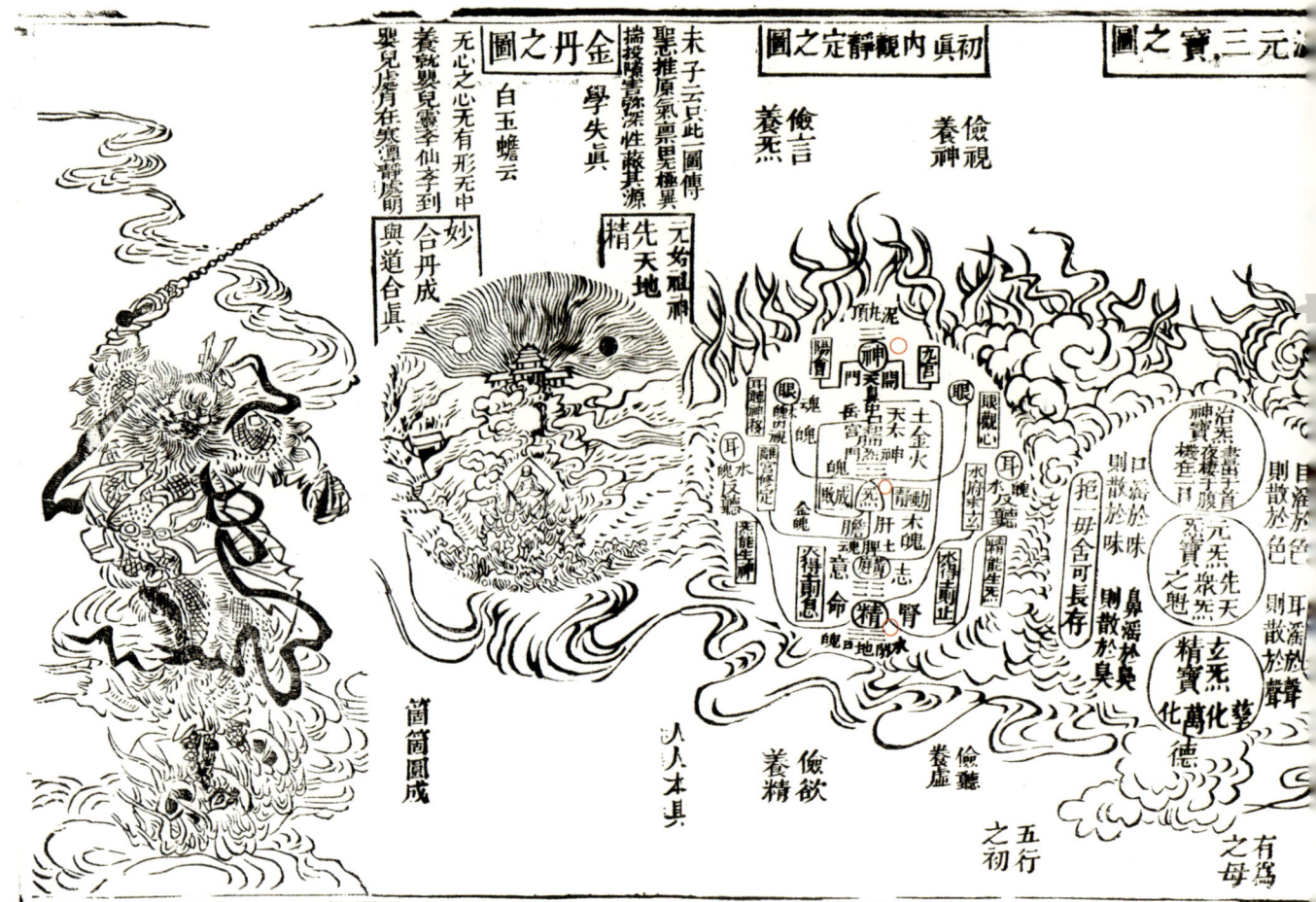

无极生太极图 / 摘自道教折经《太上老子道德经》/ 清刻本

学者云鹤推断《道德经》最初其实是一部修长生化仙道的经。一个重要的依据是长沙马王堆出土的西汉帛书《道德经》与导引图是并列放在棺上的，一边是经一边是图，保佑主人升天为仙，可见《道德经》与导引术的逻辑关系。张三丰的内家拳十三势部分内容来自于古人寻找长生修仙之道的吐纳导引术，于是太极拳就成为武当的第五学：拳学。

在武当张三丰太极拳传人管永星道长看来，太极拳是集经、图、丹、医四学之大成的学问。管道长6岁即在少林学武，后随其师父杜伯鸿来到武当山，又在武当拜武当全真教高道王泰科道长为师，学习太极拳，在武当习拳已十九年，精于张三丰十三势和武当独门绝学太乙五行拳，现在道教协会主办的武当道教功夫学院授徒。武当太极拳过去主要是在教内传授，近几年也走出山门，管道长多次出国做短期教学。因此，其弟子肤色混杂，语言也是五花八门。管道长在教习中竟然也学会了流利的英语。他的两个师弟李在峰和宋相辉则在深圳东部华侨城茶溪谷内的武当别院教学，这也是迄今武当道教功夫学院在山外设置的唯一分院。

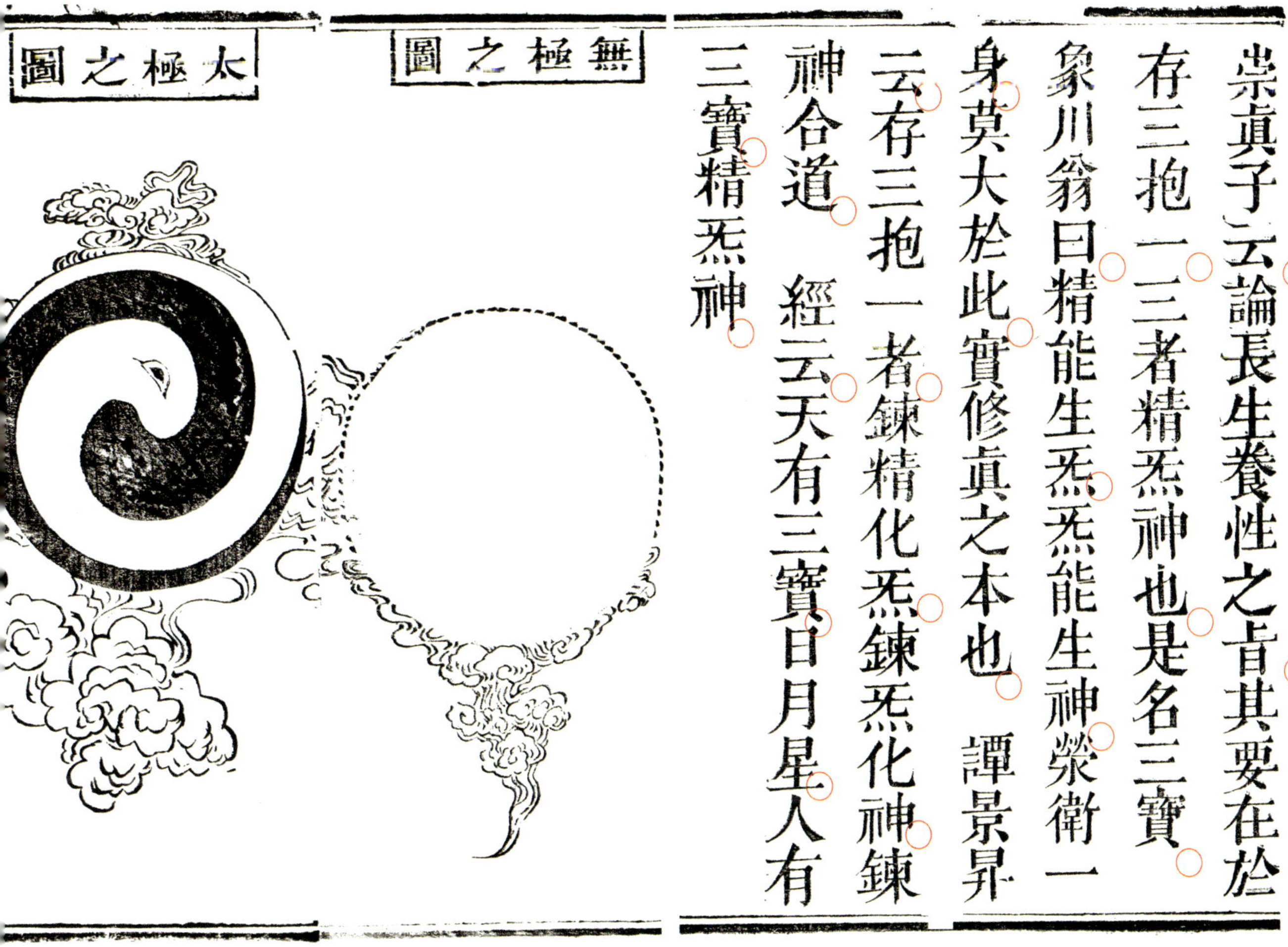

圖之極太　　圖之極無

崇真子云論長生養性之旨其要在於

存三抱一三者精炁神也是名三寶

象川翁曰精能生炁炁能生神榮衛一

身莫大於此實修真之本也　譚景昇

神合道　經云天有三寶日月星人有

云存三抱一者鍊精化炁鍊炁化神鍊

三寶精炁神

孙思邈（约581—682年）／京兆华原（今陕
西耀县）人／唐代医药学家／著《千金方》

6

"为什么张三丰会在武当山创太极拳？" 管道长说，"道书记载，张三丰祖师曾经去过鸡公山、青城山、峨眉山，去过很多名山。但是，他却在武当山创出太极拳，完成了这一伟大的创举。"

这首先与武当山所处的地脉相关。从中国整体的地理地脉来看，秦岭是南北的一个分界。而这个分界的核心是武当山，其七十二岭为天下奇观。如果站在武当山的最高峰金顶上，左右环绕，画一个圈，就会发现那其实就是一个太极图。现在飞机航拍出来的照片就是这个感觉。这就是武当山神奇的地方。古人怎么可以看到这个从空中才能看到的图？尹喜当年怀揣《道德经》，经过一个月，在克服无数的悬崖峭壁之后，终于从山脚到达金顶，并在此山头凿壁挖洞，开始修炼。

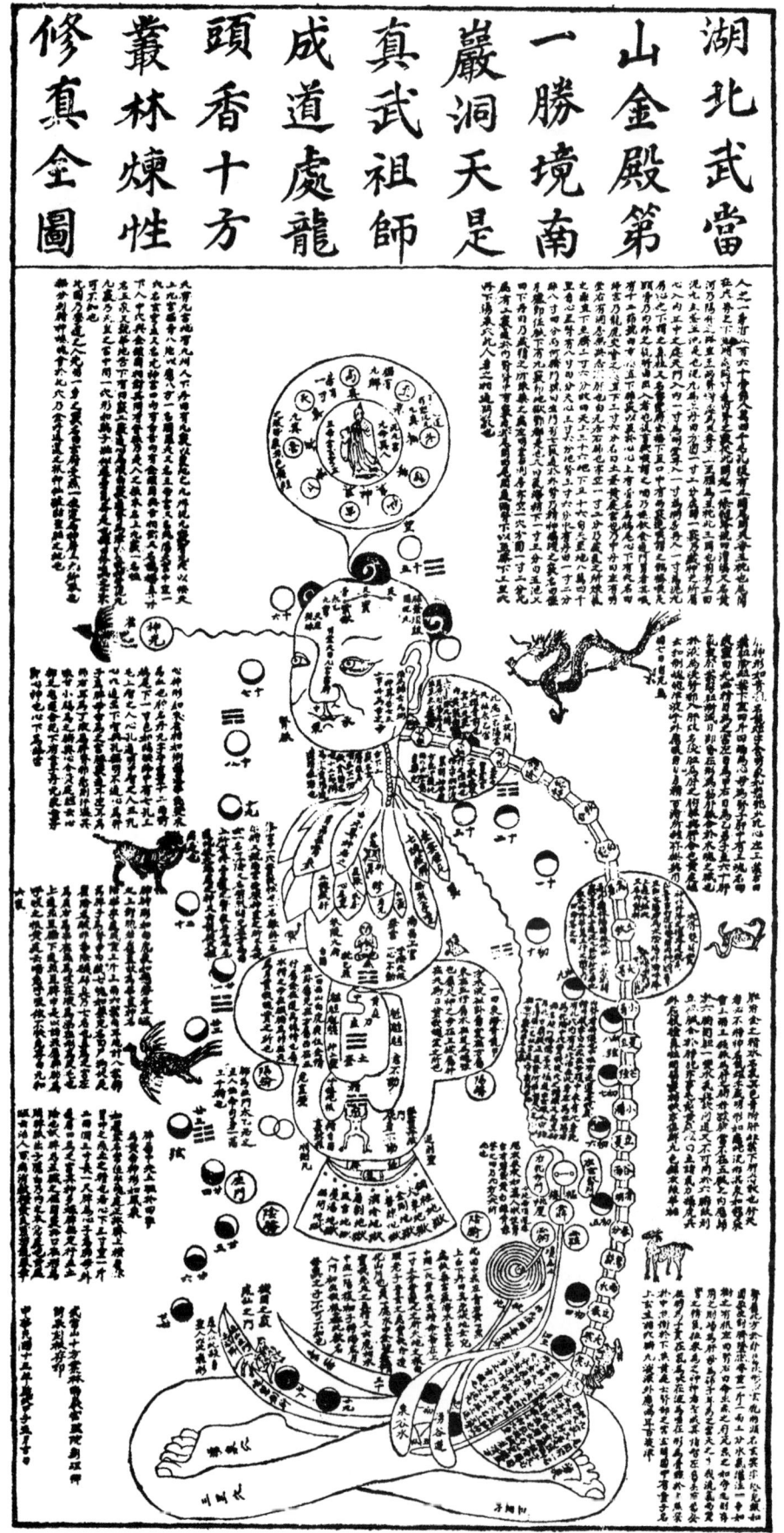

武当炼性修真全图

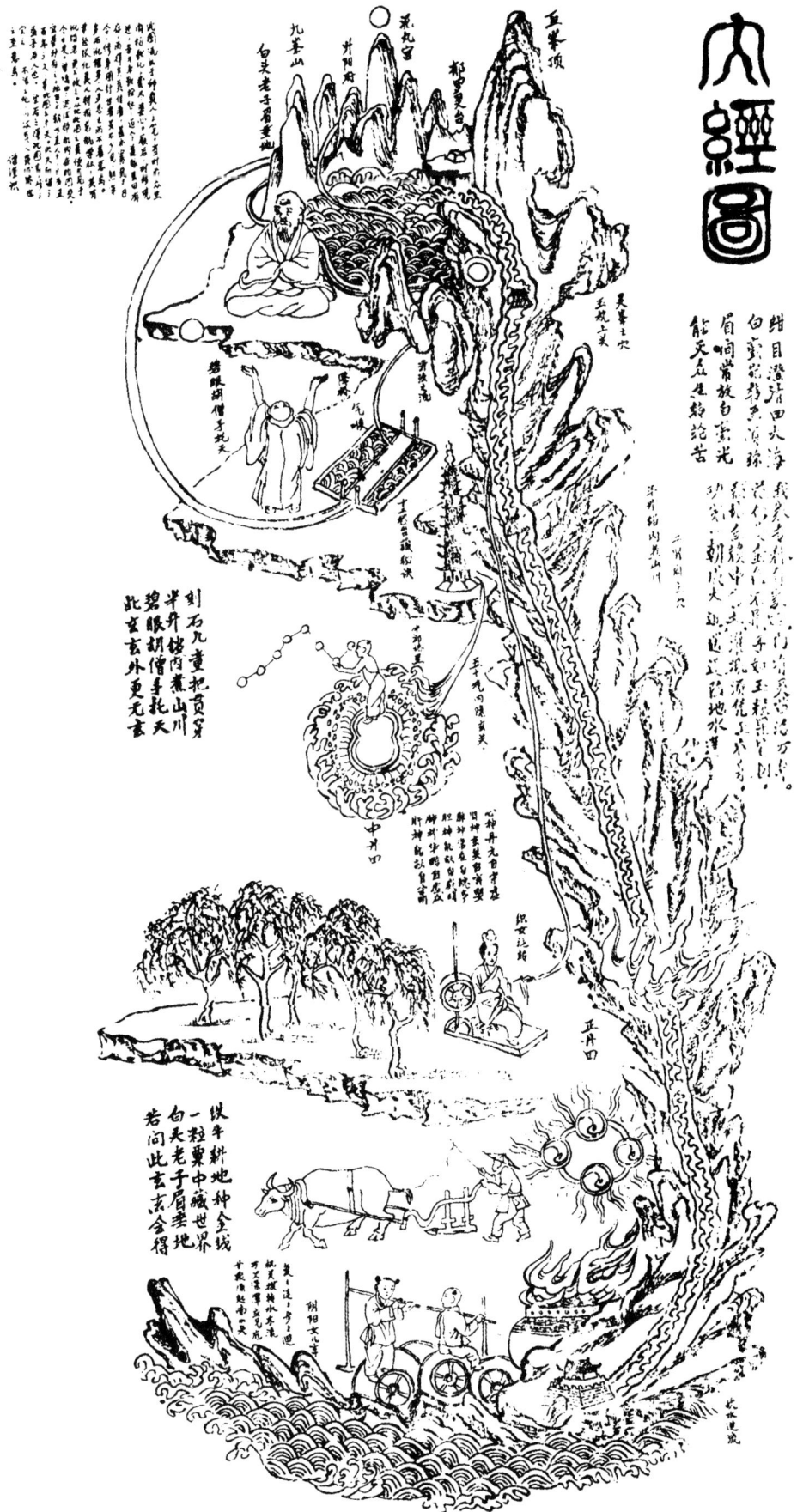

道家修真《内经图》

武当道医传人云辉道长认为，医本身也是道，正所谓"道以医显"　　　　摄影 / 肖全

从春秋时期的尹喜到宋元的张三丰，无数的人在武当山修炼。老子提出了无极的思想，到陈抟传出的太极阴阳。中国数千年传承中，各个时期的太极图都不尽相同，但形成以阴阳为核心内容的则是陈抟老祖。原因是这个图是与人的修炼相关的。陈抟老祖通过内修，感悟到人与天地宇宙的内在关系。内修就是修"五炁朝元"，那么，怎样"朝元"？

管道长解释："首先必须转化为两种能量，一阴一阳。因为人体内有很多种气，不同的气以五种颜色存在，青、黄、赤、白、黑。当这五气平衡之后，就转化为阴阳二气。然后在体内循环逆转。这与人体的经络是一样的，手臂左右分，腿内外分，阴阳两脉。它在有形人体结构中，以无形的气存在和运行。这种自然运行的轨迹图，就是阴阳而生的太极。"

这种阴阳两气的运行又与天上的九星运行相呼应，向下与大地的四季昼夜寒暑阴阳消长变化同步。古人在《黄帝内经》中就已经把人的经络与时辰、天地的关系观察得非常深入。张三

武当紫霄宫殿内的壁画描述了张三丰观鹊蛇相斗，创出太极拳的故事

鹊蛇相斗壁画（局部）　　摄影 / 肖全

武当山的龙头香炉，置悬崖而立，在虚空中与天地接，体现了武当
天人相应的丹道精神　　摄影 / 肖全

丰在武当这个南北分界的特定环境下，结合千年来生长于此的道学思想和炼丹术，真正领悟到天、地、人三合而生万物的终极之道。因此，武当山又称太和山。

7

管道长站在金顶指着山形说："我们在这里不仅可以看到阴阳布局，还可以看到'龟蛇相斗'的玄武地形，同时，在这里，张三丰观'鹊蛇相斗'创出太极拳。鹊和蛇一上一下。在练太极拳的时候，手掌要像大雁一样，就是鹊，两个翅膀像飞一样，就是引气向外膨胀，而内动则是气沉丹田，正好一个对拉，形成一上一下。那么，这个蛇是什么呢？就是人体内在的骨节，蛇就是一节一节的。还有另外一层玄机是'龟蛇相斗'。龟，就是含胸拔背，人体背部的脊柱从腰背一直到头顶，这是玄武的画面，形成水火既济。很多修炼的方法汇聚在这里就迎刃而解。"

管道长在武当道教功夫学院习拳　　摄影 / 肖全

练拳离不开打坐。《道德经》云：“致虚极，守静笃，万物并作，吾以观复。夫物芸芸，各归其根。” 摄影／肖全

武当太极传人李在峰在东部华侨城之武当太极茶溪别院教拳　摄影／欧阳勇　　武当太极传人宋相辉成为深圳武当太极文化的传播者　摄影／欧阳勇

龟、蛇、鹊中，人是龟，鹊是腾空万里，蛇是入水上树穿山无所不能。鹊蛇这两种动物，一个代表上天，一个代表地下。人以龟的方式通过内动，自然地去演习二者的动作，并使之在人体中达到平衡。所以，开始练太极拳要先站桩，就是让心静下来。而龟的状态是达到"中正安舒"，然后从中正的静中产生动，是为内动。以无极生发太极。太极就是鹊与蛇相斗的关系。练拳有两条路，一条是由内而外，一条是由外而内，也是阴阳对称。当然其中有智慧的高低。张三丰结合这些元素创造了太极拳。但在早期，其动作并不是很多，更多体现在思想的内修，而非肢体语言。

太极在肢体外形上形成一个圆，同时，内在的是一个一直循环的圆。这无数的圆的往复运动，构成了绵绵永续的太极。太极这个圆中还有一个不变的核心又是一个"中"。因此"中正"又是太极拳动作中始终坚守的东西。

东部华侨城之茶溪谷：李在峰演示太极拳，宋相辉在矫正著名策划人潘友林的动作。深圳高速发展30多年后，其文化圈率先兴起太极拳热

应该说，张三丰这个"中"的思想集合了道儒释三家的概念。他也是在陈抟之后，主张三教合一的道家宗师。"中"的概念在道家为"中正"，在儒家为"中庸"，在佛家为"中观"。只要守这个"中"，任何阴阳都是"常"和"无常"的变化而已。因此，《道德经》说："故常无欲以观其妙，常有欲以观其徼。"就是说，当你守中到无欲超脱的时候，就达到了能观其玄妙的境界，而当你还处在不能守中念头纷乱的时候，就应该去观察让你散乱的原因和问题。具体到修炼的功法则是"观其窍"。道家认为，窍穴是气动的问题所在，它包含了天人合一的理解和解决之道。太极拳区别于一般武术运动，它不是简单的技击，而是通过一个肢体语言的形式，来透彻地体现道家的修身济世的思想。这个思想传承并融合了经、图、丹、医等武当绝学的精髓。

武当金顶从空中俯瞰，就是一个龟蛇相斗的玄武地势　摄影 / 梅林

太极拳之源流考

文 / 陈公

太极拳古称长拳或绵拳，相传为张三丰所创。但亦有研究者认为早有此拳传世。

据太极拳大师吴图南在《国术概论》中考证，在南北朝梁代的韩拱月（502–557年）就创出此拳。歙州太守程灵洗得其传，并以此训练士卒，打败侯景之乱的进犯。此拳由程氏世代家传，历558年至宋绍兴间，传至程珌。程珌（1164—1242年）为进士，官至吏部尚书，拜翰林学士晋封安君侯。他精通易理，遂将此拳改名为小九天，共十五势；著有《用功五志》《四性归原歌》。

另传一脉至唐代道家隐士许宣平。他隐居歙县南山中，传承了程灵洗拳法。在"石门九不锁"最后一道山门，结庵辟谷修炼小九式。拓宽武路，结合覆船山的36道石门，加上起式以三十七式取名"三世七"拳功，又称长拳。其灵感来自于36道山泉石门。水至柔，石至坚。阴阳缠绕刚柔相济。故每一式不分先后，打起来可以相继不断，绵绵不绝。历14代至明朝前期传于宋远桥，到近代辛亥革命时，宋氏后人宋书铭将宋氏拳谱公诸于世。吴图南先生即藏有《宋氏太极拳谱》一书。

《全唐诗》录有许宣平的《庵壁题诗》："隐居三十载，筑室南山巅。静夜玩明月，清朝饮碧泉。樵人歌垄上，谷鸟戏岩前。乐矣不知老，都忘甲子年。"

从众家所说可知，太极拳实际上是历代道家隐士经过不断摸索，在漫长的演变过程中，才形成的博大精深的拳法系统，只是各个时期的特点和名称不同，但核心精要却是相同的。

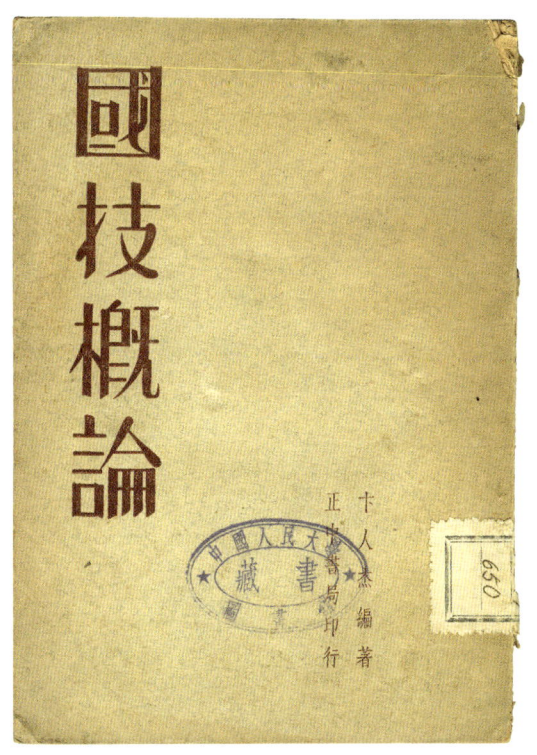

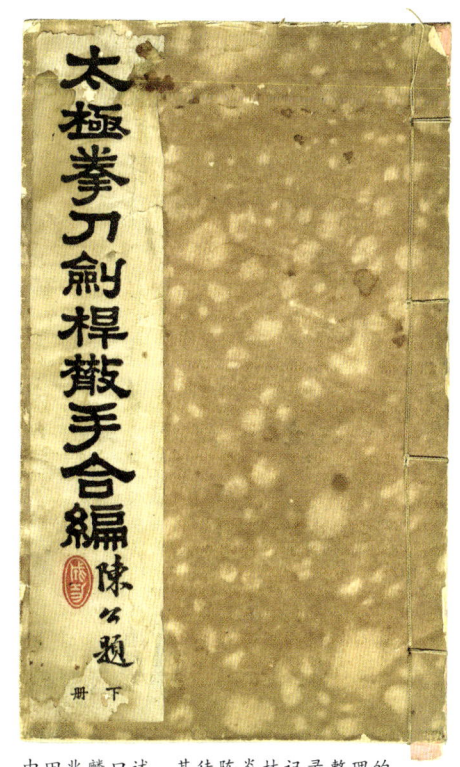

卞人杰著《国技概论》/ 正中书局1936年出版　　　　由田兆麟口述，其徒陈炎林记录整理的
　　　　　　　　　　　　　　　　　　　　　　　　《太极拳刀剑杆散手合编》/ 1943年出版

张三丰太极十三势

广为人知的"张三丰太极十三势"著说出自明末清初的大学者黄宗羲。后者在康熙八年
（1669年）写出的《南雷集》中《王征南墓志铭》记载："宋之张三丰为武当丹士，徽宗召
之。路梗不得进，夜梦元帝授之拳法，厥明以单丁杀贼百余。"另外据明史《方伎传》记
载："张三丰，辽东懿州人，名全一。一名君宝，三丰其号也。以其不饰边幅，又号张邋
遢。颀而伟，龟形鹤背，大耳圆目，须冉如戟。寒暑惟一衲一蓑。所啖升斗辄尽，或数日一
食，或数月不食，书经目不忘。游处无恒，或云能一日千里，善嬉谐，旁若无人。尝与其徒
游武当，筑草庐而居之。洪武二十四年，太祖闻其名，遣使觅之不得。"

张三丰生辰不详，从各种道书记载推断，其寿长，历经宋元明三朝。另有传说，张三丰技出
于北宋道家冯一元。冯一元创立穴道术三十六手。张三丰在武当金顶修炼时，观鹊蛇相斗，
结合冯一元及许宣平等前辈道家的内家拳，以陈抟太极图为核心，创出更为精微深奥的武当
十三势太极拳。

太极拳之奥妙必为古代修道极高并具绝顶智慧的高士所创，而绝非出自凡夫俗子。关于这一点是学界共识。内家拳的说法最早始于黄宗羲。其在《王征南墓志铭》中将中国武术以少林和武当分为外内两家："少林以拳勇天下，然主于搏人，人亦得而乘之。有所谓内家者，以静制动，犯者应手即仆，故别少林为内家。"

张三丰弟子张松溪，再传四明叶继美，又传王征南。黄宗羲早年参加抗清运动，与反清志士王征南交往甚密，并让其子黄百家师从王征南习拳。王死后七年，黄百家以师所授著有《内家拳法》，这是有关内家拳最早的史书。

王征南传承自张松溪的太极拳成为四明流派。在今天的四明山宁波，依然有其弟子。张松溪第十一代弟子夏明土先生在《行字拳术》中称太极拳："其会聚了法、理、医、易、兵五事为一体，知之修炼，天地生杀之机，阴阳造化之理，妙用真功，包涵总括，尽收其中，实为天地所珍秘，进则可为治国平天下之用，退则当作修身齐家之策。"

陈式太极新老架

张三丰另一脉传至山右王宗岳，再传河北蒋发，相承不绝。其后蒋氏传河南怀庆府陈家沟。陈氏传至十四世，又分老架和新架两种。因陈家沟本有"炮捶"之技，陈式太极也就结合了炮捶的一些特点。其新架创于陈有本，而老架继承者为陈长兴。长兴除了传其子耕云与族人陈怀远、陈华梅之外，还传给了河北杨露禅和李伯魁。

杨露禅是一个颇具传奇色彩的太极拳师。其名杨福魁，字露禅，亦作露蝉。河北广平（今永年县）人，幼时家贫，约10岁，在广平府西关大街中药字号"太和堂"中干活。这药店为陈家沟人陈德瑚所开。陈德瑚见杨露禅为人勤谨，忠实可靠，又聪明能干，便派他到故乡陈家沟陈长兴家中做工。

陈长兴立身中正，不倚不靠，状如木鸡，人称牌位先生。当时在陈家沟学习太极拳的皆为陈氏族人，很少有外姓。杨露禅因此常被歧视。但杨露禅有心学拳，且并不心灰意冷。他在陈家沟打杂帮工住了好几年。有一天夜里，他醒来听见隔壁传出"哼哈"之声，于是，攀墙瞭望，发现哼哈之声出自几间院房之中。他小心翼翼靠近那几间院房，将墙缝掏出一个空隙，瞥见陈长兴在指导另外几个徒弟练拳。杨露禅心中大喜，此后每晚必去偷看。看完之后，他回到卧室就悉心研习，功夫突飞猛进。

后来，有一次，陈长兴让徒弟之间比拳，结果其他徒弟皆败于杨氏。陈长兴大为惊讶，赞为天才。于是，将秘术全部授予杨露禅。

打遍京城杨无敌

杨露禅回到家乡后，传授同乡拳法。很多人跟随他学习。当时人称其拳法为"化拳"或"绵拳"，因为其动作连绵而化。后来，杨露禅北上京城。清王府的王公贝勒跟随杨氏练习拳术以养生健体。不久，杨露禅任旗营武术教练，因性格刚烈，不管什么门派，他都喜欢与之比试。曾经背着一支小花枪和一个小包裹，游遍华北各省，所到之处，都去拜访当地的武艺高手，与之较量。就算对方甘拜下风，他也强求比试。但他并不伤人。于是，得了一个外号"杨无敌"。

关于杨氏的坊间流传故事颇多。据说，杨露禅在广平时与人在城上交手。其人不敌，直退到城墙边缘，脚跟不稳，身体后倾即将坠下，在这千钧一发之际，杨露禅从二三丈外的地方突然跃起，抓住此人的脚而救起。

一天，杨露禅在河畔钓鱼。这时有两个外家拳师经过，平时不敢正面与其交手，见他钓鱼，于是想趁他不备推他入水，败其名声。两人左右蹑脚向前，突然发力推向杨氏。哪知杨露禅早已察觉有人暗算，等两人猛力到

黄宗羲（1609—1695年），浙江余姚人，明末清初著名思想家

杨露禅（1799—1872年），河北永年县人，道光年间拜陈长兴为师，学习陈式太极，成为陈式拳械第一个外姓弟子。后自成一派，创出杨式太极拳架

杨露禅之孙杨澄甫（1883—1936年）在其父和祖父的基础上完善成广为流行的杨式太极拳套路

时，忽以含胸拔背高探马一式，只见他背一隆，头一叩，那两人同时被掷向河中。

杨露禅在京城时，有一个拳师听说杨无敌之名，前来寻他比试。开始，杨露禅并不想与之比试，这拳师以为他胆怯。最后，杨露禅说，让你先打我三拳。拳师大喜，挥拳猛击杨氏腹部。杨氏笑而迎前，笑声未止，此拳师已经仆身飞出三丈之外了。

民国武侠小说家宫白羽将杨露禅的故事写成《偷拳》，风靡一时。

杨露禅之后将十三势老架传给了其二子班侯与健侯，健侯再传其子，如此代代相传。杨氏在京城教习，习者多为达官贵人，于是形成广泛影响。健侯传其子少侯、澄甫。近代太极拳大师吴图南，拜杨少侯为师。杨澄甫依父命收贫家子弟田兆麟为徒，田兆麟后于20世纪30年代在上海设馆授拳，广收门徒，成为海派杨式太极拳大师。杨式太极拳由此在京沪两地成为练习人数最多的一个分支。由田兆麟口述，弟子陈炎林笔录的《太极拳刀剑杆散手合编》，1943年由上海国光书局出版，详细记录了杨家太极拳的大架、器械及内功基础。

1956年，国家体委组织部分专家在杨式太极拳的基础上，编成24式简化太极拳，向全国普及推广，并作为武术运动比赛的主要项目。田兆麟担任了第一届全国武术比赛裁判。2008年，北京奥运会开幕式上，张艺谋将太极拳以国粹展示给全球观众。太极拳及其思想经过漫长的演变和发展，已成为中国传统文化的一个重要符号。

太极拳练法与图解

编撰 / 梅林

太极拳练法

1936年，武术家传人卞人杰在其《国技概论》中称太极宗师李亦畬在舞阳县盐店得到一本太极拳旧谱，旧谱中列有太极拳论、十三势行功心解、打手歌等，兼收诸家讲论，集太极拳法精微。因《太极拳论》一文旧题山右王宗岳撰，就将其名冠此旧拳谱之首。《太极拳论》因此也成为是中国太极拳经典理论中传世最早也是最重要的一篇理论专著。下列旧拳谱四篇。

太极拳论

太极者，无极而生，动静之机，阴阳之母也。动之则分，静之则合。无过不及，随曲就伸。人刚我柔谓之"走"，我顺人背谓之"粘"。动急则急应，动缓则缓随。虽变化万端，而理唯一贯。由著熟而渐悟懂劲，由懂劲而阶及神明。然非用力之久，不能豁然贯通焉！

虚领顶劲，气沉丹田。不偏不倚，忽隐忽现。左重则左虚，右重则右杳。仰之则弥高，俯之则弥深。进之则愈长，退之则愈促。一羽不能加，蝇虫不能落。人不知我，我独知人，英雄所向无敌，盖皆由此而及也。斯技旁门甚多，虽势有区别，概不外壮欺弱、慢让快耳！有力打无力，手慢让手快，皆是先天自然之能，非关学力而有为也。察"四两拨千斤"之句，显非力胜；观耄耋能御众之形，快何能为？！

立如秤准，活似车轮。偏沉则随，双重则滞。每见数年纯功，不能运化者，率皆自为人制，双重之病未悟耳！欲避此病，须知阴阳。粘即是走，走即是粘；阴不离阳，阳不离阴。阴阳相济，方为懂劲。懂劲后，愈练愈精，默识揣摩，渐至从心所欲。

本是"舍己从人"，多误"舍近求远"。所谓"差之毫厘，谬以千里"。学者不可不详辨焉！是为论。

十三势行功歌诀

十三总势莫轻识， 命意源头在腰隙， 变转虚实须留意， 气遍身躯不稍痴。
静中触动动犹静， 因敌变化是神奇， 势势存心揆用意， 得来不觉费功夫。
刻刻留心在腰间， 腹内松静气腾然， 尾闾正中神贯顶， 满身轻利顶头悬。
仔细留心向推求， 曲伸开合听自由， 入门引路须口授， 功用无息法自修。
若言体用何为准， 意气君来骨肉臣， 详推用意终何在？ 益寿延年不老春。
歌兮歌兮百四十， 字字真切意无疑， 若不向此推求去， 枉费工夫遗叹息。

十三势行功心解

每一动唯手先着力，随即松开，犹须贯串，不外起承转合。始而意动，继而劲动，转接要一线串成。气宜鼓荡，神宜内敛，无使有缺陷处，无使有凸凹处，无使有断续处。其根在脚，发于腿，主宰于腰，形于手指，由脚而腿而腰，总须完整一气，向前退后，乃得机得势，有不得机得势处，身便散乱，必至偏倚，其病必于腰腿求之，上下、前后、左右皆然。凡此皆是意，不是外面，有上即有下，有前即有后，有左即有右。如意要向上，即寓下意；若物将掀起，而加以挫之之力，斯其根自断，乃坏之速而无疑。虚实宜分清楚，二处自有一处虚实，处处总此一虚实，周身节节贯串，勿令丝毫间断。

打手歌

掤捋挤按须认真，上下相随人难侵。任他巨力来打我，牵动四两拨千斤。引进落空合即出，粘连黏随不丢顶。

杨式太极拳图解

1943年由近代太极拳大师田兆麟口述，弟子陈炎林笔录的《太极拳刀剑杆散手合编》由上海国光书局出版，本篇从该书摘取部分内容介绍杨式太极拳基本功法。太极拳每式用法千变万化，为使学者容易了解及使用起见，只将简易用法列入阐明，至于练时呼吸，初步当由鼻转换以免神散气乱。

太極拳（即長拳亦即十三勢拳）名稱

（一）太極拳起勢 （二）攬雀尾（右式）（三）攬雀尾（左式）（四）掤 （五）攦 （六）擠 （七）按 （八）單鞭 （九）提手上勢 （十）白鶴涼翅 （十一）摟膝拗步（左式）（十二）手揮琵琶 （十三）摟膝拗步（一）（十四）摟膝拗步（二）（十五）摟膝拗步（三）（十六）手揮琵琶 （十七）摟膝拗步（左式）（十八）撇身捶 （十九）進步搬攔捶 （二十）如封似閉 （二一）抱虎歸山 （二二）掤攦擠按 （二三）斜單鞭 （二四）肘底捶 （二五）倒攆猴（右式）（二六）倒攆猴（

太极拳名称

（1）太极拳起势 （2）揽雀尾（右式） （3）揽雀尾（左式） （4）掤 （5）捋 （6）挤 （7）按 （8）单鞭 （9）提手上势 （10）白鹤凉翅 （11）搂膝拗步（左式） （12）手挥琵琶 （13）搂膝拗步（一） （14）搂膝拗步（二） （15）搂膝拗步（三） （16）手挥琵琶 （17）搂膝拗步（左式） （18）撇身捶 （19）进步搬拦捶 （20）如封似闭 （21）抱虎归山 （22）掤捋挤按 （23）斜单鞭 （24）肘底捶 （25）倒撵猴（右式） （26）倒撵猴（左式） （27）斜飞势 （28）提手上势 （29）白鹤凉翅 （30）搂膝拗步（左式） （31）海底针 （32）扇通背 （33）转身撇身捶 （34）进步搬拦捶 （35）上步掤捋挤按 （36）单鞭 （37）云手 （38）单鞭 （39）高探马 （40）右分脚 （41）左分脚 （42）转身蹬脚 （43）左右搂膝拗步 （44）进步栽捶 （45）转身撇身捶 （46）进步搬拦捶 （47）右踢脚 （48）左打虎 （49）右打虎 （50）右踢脚 （51）双风贯耳 （52）左踢脚 （53）转身蹬脚 （54）撇身捶 （55）进步搬拦捶 （56）如封似闭 （57）抱虎归山 （58）掤捋挤按 （59）横单鞭 （60）野马分鬃（右式） （61）野马分鬃（左式） （62）野马分鬃（右式） （63）左揽雀尾 （64）上步掤捋挤按 （65）单鞭 （66）玉女穿梭（一） （67）玉女穿梭（二） （68）玉女穿梭（三） （69）玉女穿梭（四） （70）左揽雀尾 （71）上步掤捋挤按 （72）单鞭 （73）云手 （74）单鞭 （75）蛇身下势 （76）金鸡独立（右式） （77）金鸡独立（左式） （78）倒撵猴 （79）斜飞势 （80）提手上势 （81）白鹤凉翅 （82）搂膝拗步 （83）海底针 （84）扇通背 （85）转身白蛇吐信 （86）进步搬拦捶 （87）上步掤捋挤按 （88）单鞭 （89）云手 （90）单鞭 （91）高探马 （92）十字手 （93）转身十字腿 （94）搂膝指裆捶 （95）上步掤捋挤按 （96）单鞭 （97）蛇身下势 （98）上步七星 （99）退步跨虎 （100）转身摆莲 （101）弯弓射虎 （102）撇身捶 （103）上步搬拦捶 （104）如封似闭 （105）合太极

太極拳起勢（1）   攬雀尾（右式）（2）   攬雀尾（左式）（3）

太极拳式

（1）太极拳起势　两足平行分开，距离略与两肩相齐，两手平放于两大腿旁，掌心向下，手指前伸，勿用呆力，肘部略曲，眼向前平视，舌抵上腭，唇齿相合，以鼻呼吸，虚领顶劲，沉肩垂肘，含胸拔背，气沉丹田，周身松开，使处处气血流通。（见图1）两手不用力，缓缓向前往上提与肩平，屈膝蹲身，同时右手后收至胸前，上身向左转右手向右侧角前伸，左手后收至胸前，掌心翻上。右手向左搨搨至将临左手时，左掌翻下（用腕部），左指向左往下，绕一平面圆圈，左掌再翻上，两手在左肋部前（左手在下，右手在上），如抱一物。两手转至右半身右肋部前，两掌上下地位对调，即右掌用腕部，右指向右往下，绕一平面圆圈，右掌翻上，左掌翻下（左手在上，右手在下），两手复转至左半身左肋部前（两手地位不动），两手再转至胸前，往右向下，绕两个半平面圆圈，一个小于一个，一个低于一个，即愈低则愈小。同时身体亦渐渐往下蹲坐，右手转至左肘下（掌心向上），左足跟向左转移。

（2）揽雀尾（右式）　由前式。右足向右侧斜上一步，左右两手同时分开（左掌朝下，右掌向上），右手肱部向右侧前掤，须中正，勿太直或太前（右掌斜形向上），与胸齐；左手（掌心朝下）往左侧后揽，勿太后，同时屈右膝，成右斜弓步式，右步为实，左步为虚。腰腿向右侧转至前尽时，松腰松胯，身往下略蹲，唯不可太前俯，当头正身正，含胸拔背（见图2），此为揽雀尾右式。

（3）揽雀尾（左式）　由前右式。右手掌心翻下，随腰腿向左后揽；左手往左由外向内，随腰腿绕圈，转至右肘下，手掌翻上。右足尖向右横移，左足向左侧斜上一步，左右两手同时分开，左手肱部向左侧前掤（左掌斜形向上），与胸齐；右手往右侧后揽，同时屈左膝，蹲身坐腰松胯，成左斜弓步势。左步为实，右步为虚，姿势如右式（见图3），此为揽雀尾左式。

掤（4）　　　　捋（5）　　　　挤（6）　　　　按（7）

（4）掤　由前势。左手掌心翻下，随上身向右转，至胸前绕一平面圈（同时右手在胯旁亦绕一小圈），身下蹲，两手在两膝间。同时再绕一小圈，右手转至左肘下，手掌翻上，左足尖向左横移，右足踏前一步，右手肱部随腰腿势向前往右朝上掤起。左手贴于右肱内部，助右肱前进，至上胸部齐，同时屈右膝，蹲身，右步实，左步虚，虚领顶劲，含胸拔背，沉肩垂肘，尾闾中正，气贴脊背，眼神视前。（见图4）

（5）捋　左右两手随腰腿势，向前往右圆转，复向左侧往后收回，右手掌随收势翻下，左手掌翻上，向下往左后捋。眼视左侧，含胸沉肩，左步实，右步虚。（见图5）身勿太蹲低，劲如抽丝，勿使少断。

（6）挤　捋之势将尽时，右手掌随转势翻向胸部（较掤式为低），左手掌贴于右肱内部（左手臂较掤式为平），随腰腿势，两臂向前挤出，屈右膝成弓步。右步实，左步虚，沉肩垂肘，虚领顶劲，含胸拔背，眼神前视，尾闾中正，气沉丹田。（见图6）

（7）按　挤之后，两手向前分开，随腰腿势，左右绕圈往后收回，坐左腿（两手收至胸前，与胸约距数寸），手指朝上，手掌向前，含胸沉肩，垂肘，全身重心寄于左腿，复随腰腿前进势，屈右膝向前按出。右步变实，左步变虚（见图7），虚领顶劲，含胸拔背，沉肩垂肘，坐腕伸指，尾闾收住，眼神随动作向前平视。上身勿太前俯，膝勿过足尖。

（8）单鞭　由前按式。两臂沉肩垂肘，与上胸齐，手掌向外，随腰腿势往左转动，同时右足尖提起，向左转移，全身重心先寄于左腿，后移于右腿。两手转至胸前时，遂将右手五指下垂，合成勾手式，左手向下转至腰间时，手掌翻上，与右手上下掌心相对，如抱球式。随腰腿势，两手复转向右侧，重心寄于右腿，上身向左转动，并翻身向后。同时左足提起向左侧斜踏半步，左手

单鞭（8）　　　　提手上势（9）　　　　白鹤凉翅（10）　　　搂膝拗步（左式）（11）

自右胸部由下往上，手心向里，经面部向左翻成一掌，手心朝外往前，并向下略沉。同时身往下蹲，重心大部分随势移于左腿，屈左膝，右腿伸直，膝部略曲，两腿成为弓步式，松腰松胯，尾闾正中，两臂平齐，沉肩垂肘，坐腕，气沉丹田，眼神随左手前视。（见图8）

（9）提手上势　　由前单鞭式。上身由左向右侧回转，重心移于右腿，左足尖随势向右稍移，重心复寄于左腿；右足提起，向前踏出半步，足跟着地，足尖提起，蹲身坐腰。两手互相往里提合，两掌斜对，右手在前，左手在后。沉肩垂肘，含胸拔背，松腰松胯，尾闾收住，眼神视前，两臂松开掤起，不可夹紧，身勿太高亦勿太过低。（见图9）

（10）白鹤凉翅　　由前提手上势式。右足提起，随身腰向左转，落着地，右腿少屈，坐实（该时身腰已转向左侧正面，内含一右靠）。右手向左下沉，转至左肘下，左手向右置于右肘上面，两手同时上下分开。左足踏出半步，足尖着地，为虚步。右手提至胸齐，向右展开至右额上，掌心向外；左手同时向下往左采分，至左胯旁，掌心向下。两手距离勿太开，太开劲易断。身体随两手分势下蹲，重心寄于右腿，虚领顶劲，含胸拔背，尾闾收住，气沉丹田，眼神前视，两手开后，内含有一合劲。（见图10）

（11）搂膝拗步（左式）　　由前白鹤凉翅式。身向下蹲，重心先寄于右腿，右手同时随腰腿势向左往下圆转，复向右往后回转，升至右耳旁。手指朝上，掌心向前，左手同时随右手转势，向左往后圆转升至胸齐，复随腰腿往右转至右胸前。左足提起向前踏出半步，屈左膝，右腿随势渐渐伸直。左手掌（掌心向下）往下向左搂左膝，同时右手掌由右耳旁，随腰腿渐渐向前按出，坐腰下蹲，重心寄于左腿。沉肩垂肘，含胸拔背，坐腕伸指，松腰松胯，尾闾收住，眼神随右手前视，身宜中正，勿前俯，右臂肘部宜下垂，勿太直。（见图11）

琵琶挥手（12）　　　　　（式右）步拗膝搂（13）　　　　捶身撇（14）　　　　　撇（15）

（12）手挥琵琶　由前搂膝拗步式。右手掌随身前俯下蹲势，往下按拍，右足提起，并上半步，重心移于右腿，上身升起，左手置于右肘下，两手提高与肩齐，左右平行分开（两手臂开成平圆形）。左足踏前半步，足尖提起，两足成丁字虚步，身往下蹲，两手同时抱合。右掌相对左肘，左手指高与鼻齐，两手掌心参差相对，若抱琵琶状（左手在前，右手在后）。屈膝坐实，身往下略蹲，虚领顶劲，沉肩垂肘，含胸拔背，气沉丹田，尾闾中正，眼神前视，身勿太低，两臂松开，含有掤意，勿使内劲稍断。（见图12）

（13）搂膝拗步（一）　由前式。左掌心翻下，左臂不动，右手（掌心向上）向前伸出至左掌下，两手掌心相对，两手绕成一立体圆圈，即上下对调（右掌调至左掌上）。上身向右转，同时两手复上下调换地位（左掌在上）。右手往后转一立体半圈，提上至右耳旁，掌心向前，指尖朝上；左手随右手圆转至右胸前。左足提起，向前再踏出半步，屈左膝；右腿随势渐渐伸直，左手掌（掌心向下）往下向左搂左膝，同时右手掌由右耳旁，随腰腿渐渐向前按出，坐腰下蹲，重心寄于左腿。

（14）搂膝拗步（二）　由前式。重心后移，左足尖向左横移，腰腿向左往下后松，左手随腰腿后松势，往后绕圈，向上翻至左耳旁（掌心向前），手指朝上，右手随左手转势，同时向左绕转至左胸前。右足提起，向前踏出一步，屈右膝，左腿随势渐渐伸直，右手掌（掌心向下）往下向右搂右膝。同时左手掌由左耳旁，随腰腿渐渐向前按出，坐腰下蹲，重心寄于右腿，余如前搂膝拗步（左式）内载。（见图13）

（15）搂膝拗步（三）　由前式。重心后移，右足尖向右横移，腰腿向右往下后松，右手随腰腿后松势，往后绕圈，向上翻至右耳旁，（掌心向前）手指朝上；左手随右手圆转势，同时向右绕转至右

攔（16） 　　捶（17） 　　閉似封如（18） 　　（一）山歸虎抱（19）

胸前，左足向前踏出一步，屈左膝，右腿随势渐渐伸直。左手掌（掌心向下）往下向左搂左膝，同时右手掌由右耳旁，随腰腿渐渐向前按出，余见搂膝拗步（左式）内载。

（16）手挥琵琶　见前第12节内载。

（17）搂膝拗步（左式）　见前第11节内载。

（18）撇身捶　由前式。上身向后略收，重心移于右足，左足尖向左移，右手向下往左，随转随握成拳，提高过头部，重心移于左足右足不动。右拳朝前向右侧撇下（成一立体圆圈），同时左手向后提起，高与腰部齐，松腰松胯，眼神前视。（见图14）

（19）进步搬拦捶　由前式。右足提起向前横步落地，右拳后收至右腰旁，左手提高至左耳旁，向前往下随上身下坐势，下压平横于右胸前，左足跟向左移并提起（此式谓搬，见图15）。身站起，左足向前踏出一步，左腿稍屈，右腿略伸直，同时左掌向前往左拦去（此式谓拦，见图16）。右拳随上身下蹲之势，由下往上成弧线形向前击出，右臂勿太直，同时左掌向左绕成一立体半圈，收回置于右肘内部。虚领顶劲，眼神前视（此式谓捶，见图17）。

（20）如封似闭　由前进步搬拦捶式。身略后坐，微屈右腿，右拳在左手肱上，向左往内后抽，渐渐变为掌（掌心向下，同时右足随上半步亦可）；左手掌心向上，在右手肘肱下，往左格去（两手后化成斜十字交叉形）。两手随即左右分开，约与两肩齐（掌心朝外），随腰腿向前按出，勿太出，太出劲过（如右足已随上，左足当踏前半步）。左腿屈右腿直，重心寄于左腿，顶悬身正，尾闾收住，气沉丹田，含胸拔背，沉肩垂肘，左腕伸指，眼神前视。（见图18）

（21）抱虎归山　由前如封似闭式。身往右转，左足尖亦随之向右往内转移，与右足略平齐，两手向上往左右分开，随腰腿下蹲势，往下转沉（如欲抱起一物然），复由下往上合成一斜十字形，掌心向里往上掤起至胸齐。右足提起，向左并进半步（见图19）。上身向右转，同时右足向右侧踏出半步，两手随转势，掌心翻下，同时前后分开。右手随转腰及蹲身势，向右侧搂去，勿太低，屈右膝，蹲身，重心寄于右足左腿伸直（见图20）。腰腿向右旋转，左掌向右横扑（见图21）。

（22）掤捋挤按　见前第4、5、6、7四节。

（23）斜单鞭　动作如单鞭。（见前第8节）唯面向斜角。

（二）山歸虎抱（20）

（三）山歸虎抱（21）

捶底肘（22）

（24）肘底捶　由前斜单鞭式。左足尖向左侧转移，左右两手同时随身一并左转，右足向右侧横上半步，坐实右掌（掌心向下）转至胸前往下沉，左掌往后转至左胁旁，复向前穿过右手，向上伸出（掌缘向外，手指朝上）。右手握成拳，虎口朝上，置于左肘下，左足提起，向右略并进，足跟着地，脚尖提起，屈成了虚步（见图22）。肘须与膝齐，勿偏勿斜，沉肩垂肘，顶悬身正，尾闾收住。

（25）倒攆猴（右式）　由前肘底捶式。腰腿向右旋转，右拳变掌，同时随身腰转势，向下往后圆转（眼神视手），复翻上至右耳旁，左手同时向前按沉。左足后退一步，屈膝坐实，右腿变虚。右掌随势向前按出，左手掌心翻上，随势往后收回，置于左胯旁，重心寄于左腿。顶悬身正，沉肩垂肘，坐腕伸指，气沉丹田，眼神前视。（见图23）

（26）倒攆猴（左式）　由前式。上身向左旋转，左掌随势向下往后圆转（眼神视手），翻上至左耳旁，右掌向前按沉，右足后退一步，屈膝坐实。左腿变虚，左掌随势向前按出，右手掌心翻上，随势往后收回，置于右胯旁，余如前式。（见图24）倒攆猴左右式，练时退三步，或五步，或七步均可，唯至右式为止。

（注）太极拳老架子中，倒攆猴之两手收回至胯旁为止，不再往后旋转。

（27）斜飞势　由前倒攆猴（右式），左掌随腰腿向前下沉，重心渐渐移于右腿，右手掌心朝下，左手（掌心朝上）向前插于右掌下，两手同时翻绕。左掌转至右掌上面，左足向左侧斜上一步，左右两手如抱球状，随腰腿同时向左侧按出，左手在上，右手在下，重心移于左腿，两手复随腰腿右转至胸前，两掌心向下。右手向左转至左肘下（掌心朝上），同时左足尖向右往内稍移两手掌心相合，右足向右侧踏出一步，渐渐屈膝坐实。左腿伸直，两手同时

（式右）猴撐倒（23）　　　　（式左）猴攬倒（24）　　　　勢　飛　斜（25）　　　　針　底　海（26）

前后分开，右手向前往上掤出（掌心朝上），左手向后往下采沉（掌心朝下），眼视右手，重心寄于右腿，右膝勿出足尖。身勿前俯，沉肩垂肘。（见图25）

（28）提手上势　见前第9节。

（29）白鹤凉翅　见前第10节。

（30）搂膝拗步（左式）　见前第11节。

（31）海底针　由前搂膝拗步（左式），上身向前俯，右手下按至左膝高度，右足踏上半步，左手贴于右肘内部，身站起，两手提上至肩部高度。弯腰前俯，两手随势下沉。右手掌缘后勾，指尖下垂，成采式，屈右膝，同时左足略后收，足尖着地，足跟提起，成虚步。松腰松胯，眼视右手。（见图26）

（32）扇通背　由前海底针式。两手随腰上升势，右肱向上往外掤起，掌心翻转向外，掌缘朝上，至右额角旁。左掌至胸前，掌缘向外，随左足踏前一步势，向前击出（见图27）。左足脚尖朝前，左腿成为实步，右腿随腰胯前进势，渐渐伸直。沉肩垂肘，坐腕，伸指，松腰松胯，尾闾收住，身体中正，劲由脊背发出，眼神前视。

（33）转身撇身捶　由前扇通背式。两手上升随腰腿右转，左足尖随势向右转移，两手转至右侧时，右手握成拳（虎口朝上），向左侧平行横击。同时左手掌往上掤起，置于额前，两手向上往右回转。右拳（拳背朝上），平横于胸前，左手掌仍置于额前。（见图28）右足向右侧横踏半步，右拳翻腕（拳心朝上），往上向前撇下，左手置于右臂内部上面，右拳收回

背 通 扇（27） 　　（一）捶身撇身转（28） 　　（二）捶身撇身转（29） 　　捶挒撇步进（30）

至右腰旁，左掌随即向前扑出。（见图29）

（34）进步搬拦捶　由前转身撇身捶式。右拳放开，为掌，往后翻上向前绕成一立体圈，至右胸前（掌心朝下），同时左手掌心翻向上，两手向左后将右足提起向前横步落地，右拳后收至右腰旁，左手提高至左耳旁，向前往下随上身下坐势，下压，平横于右胸前。左足跟向左移，并提起，余见前第十九节内载。（捶式见图30）

（35）上步掤捋挤按　由前进步搬拦捶式。左右两手随腰腿往右向内，复往左朝下，绕两个圆圈，随右足上步势，以腰腿劲向前往上掤起，余见前第4、5、6、7四节。

（36）单鞭　见前第8节。

（37）云手　接前单鞭式。左掌随上身右转至胸前（掌心朝下），复左转回至原处，同时右手变掌（掌心朝下），下沉至腹部，往左，由左腹部上掤，向右至右下颚（掌心朝里）。同时左掌下沉，向右转至中腹部前（掌心向上），左足尖随势向右往内移，与右足略成平行，右足向左横并半步（见图31）。右手随腰腿向右侧往下沉成一大圆圈，左手在右手绕圈上掤时，向右往上掤至右乳部齐右足再向左横并半步，与左足并齐，屈双膝蹲身（见图32）。左足随左手上升经过下颚势。向左横迈半步（先虚后实），右手同时向左转至腹部（见图33）。左手随腰腿向左侧往下按沉，亦成一大圆圈，右手复由下往下绕圈，右足随右手上升势，向左横并半步，两手随腰腿上下、左右、升降、掤按，如双轮之圆转，两足亦随势向左横迈。循环练习，身勿太下蹲，上身宜中正，尾闾当收住，眼神在右手绕圈掤按时，注视右手；在左手绕圈掤按时，注视左手，左右云手，三次、五次、七次均可，至转单鞭式时。先将左手随腰腿转至右侧，与右手平齐，两手（掌心朝下）复随腰腿往左下沉势，向左往下

（一）手雲（31）　　（二）手雲（32）　　（三）手雲（33）　　馬探高（34）

圆转，至胸口前。两手指尖逐向右侧叉出，左足向左侧斜角踏出一步，左手掌经面部向左按出，右手变为勾手式，成为单鞭。

（38）单鞭　见前第8节。

（39）高探马　由前单鞭式，右足随腰前进势提起，向前踏出半步，左手向下松沉，右手掌（掌心朝下），随势向左往上朝前圆转，左足同时向后收回已少许，足尖着地，左手掌（掌心朝上）收至胸前。右膝稍屈，重心寄于右腿，含胸拔背，松腰松胯。眼神前视，虚领顶劲，身勿前俯，右掌全由腰背向前扑出。（见图34）

（40）右分脚　由前高探马式。左右两手随腰腿往前向右绕转，复向左往后将回，两手转至左胸前，左足同时往前向左侧踏出半步（重心寄于左腿）。左右手再向右绕转，复向左往后将回（见图35）。同时右足向前往左侧并上半步，足尖着地，足跟提起，两手转至胸前相合，往上向内抱起，成斜十字手形（右手在内，左手在外）。两掌同时翻转向下，向左右平肩分开，将身上耸，以右足尖向右角平直踢出，左腿略屈，重心寄于左腿。（见图36）虚领顶劲，含胸拔背，足尖向前，身勿太后仰，眼神向右侧前视。

（41）左分脚　由前右分脚式。右足落于右侧前斜角，屈右膝，重心移于右腿，两手随腰腿向右，往后采将（见图37）。含胸拔背，眼神前视，两手采将至胸前，随腰腿往前向左绕转，复向右往后将回。同时左足向前往右侧并上半步，足尖着地，足跟提起，两手转至胸前相合，向上往内抱起，成斜十字手形（左手在内右手在外）。两掌心同时翻转向下，左右平肩分开，将身上耸，以左足尖向左角平直踢出，右腿略屈，重心寄于右腿（见图38）。虚领顶劲，含胸拔背，身勿太后仰，眼神向左侧前视。

（42）转身蹬脚　由前左分脚式，左足收回，屈膝提起（脚尖下垂），两手同时抱合，成斜十字手形（右手在外，右手在里，掌心均向内）。右足跟稍提起，足掌随腰向左侧正面旋转（约正圆形四分之一），同时左右掌朝外往下，复向内翻转（左手在内右手在外），身勿前俯，等全身转定后，将身略下蹲，即耸起。以左足心身前平直蹬出，两手同时左右平肩分开。虚领顶劲，含胸拔背，眼神前视。（见图39）

（43）左右搂膝拗步　由前转身蹬脚式。左足随势向前往左落地，左手随腰腿向左搂左膝，左腿屈膝坐实，右手掌同时向前按出（见图40）。重心后移，左足尖向左横移，右足向前踏出一步，右手随腰腿向右搂右膝，右

（一）脚分右（35）　　（二）脚分右（36）　　（一）脚分左（37）　　（二）脚分左（38）

腿屈膝坐实，左手掌心同时向前按出（见图41）。余见前第13、14两节。

（44）进步栽捶　　由前右搂膝拗步式。重心后移，右足尖向右横移，腰腿向右往下后松，右手随腰向外往右绕成平面圆圈，随转随握为拳（虎口朝上），置于右腰旁。左手同时随腰腿向右绕转至右胸前。左足向前踏出一步，渐渐屈膝。左手往下搂过左膝盖，置于左腿旁，右拳同时前往下载击，右腿随势渐渐伸直。松腰松胯，虚领顶劲，含胸拔背，眼神前视。（见图42）

（45）转身撇身捶　　由前进步栽捶式。两手上升随腰腿右转，左足尖随势向右转移，余续前第三三节内载，至右拳向前撇下止（见图43）。右拳向上往后（动小臂，大臂不动），用肘部翻上至右肩旁，左掌向前往上，再朝后绕过右拳，归至原处。同时右拳在左掌下，向前击出（虎口朝上）（见图44）。右拳变掌，掌心向下，左掌心翻向上，两手向左后捋。余见前第33节内载。

（46）进步搬拦捶　　见前第34节。

（47）右踢脚　　由前进步搬拦捶式。左足尖向左转移（面向左侧），重心渐渐移于左腿，两手变掌同时左右分开向下（掌心朝下），松沉至腹下，复翻上相合，往上向内抱起，成斜十字手形（掌心朝里，右手在内，左手在外）。右足并上半步，足尖着地，足跟提起，左右两掌同时翻转向下。左右平肩分开，将身上耸，以右足尖向右角往上直踢。顶悬身正，正尾闾收住，含胸拔背，眼神向右侧前视。（见图45）

（48）左打虎　　由前右踢脚式。右足落地，与左足略齐，左足向左侧踏出一步，左右两手同时向下往左后捋，至左侧，复向上升。先往右复往左绕成两个立体圆圈，第一个小（经过

脚蹬身转（39）　　步拗膝搂左（40）　　步拗膝搂右（41）　　捶栽步进（42）

大腿），第二个大（经过左膝），右掌转至胸前握为拳（虎口向内，拳心朝下）。左掌随绕势，向上转至左额角上，亦握成拳（拳心朝外），身随腰腿向左偏转。右拳同时向左平横，转于左胁部前。左腿随势渐渐屈膝变为实步，左右两腿成斜弓步式（见图46）。虚领顶劲，沉肩含胸，松腰松胯，尾闾中正，眼神前视。

（49）右打虎　由前左打虎式。右足提起，向右侧往后稍移半步，两手随腰腿右转（左右两拳在转圈时，先松开成为掌，后复握为拳），往下向后上升，复向前往左绕转，成两个立体圆圈（如左打虎）。再转至左胸前握为拳（虎口向内，拳心朝下），右手随绕势，向上转至右额角上，复握成拳（拳心朝外）。身随腰腿向右偏转，左拳同时向右平横，转于右胁部前，右腿随势渐渐屈膝变为实步，左右两腿成斜弓步式。余如左打虎式内载。（见图47）

（50）右踢脚　由前右打虎式。两手随腰腿左转，左足尖向左转移（面向左侧），重心渐渐移于左腿。屈膝下蹲，右腿渐渐伸直，成为虚步。左右两手合成斜十字手形，上升至胸前。复左右分开向下（掌心朝下），松沉至腹部下。两手掌心同时翻上相合，往上向内抱起，复成斜十字手形。余如前第四七节右踢脚式内载。

（51）双风贯耳　由前右踢脚式，右足尖向前往上踢出后，右足即收回，右腿悬起，足尖下垂（勿落地），身往后稍撤，坐左腿。左右两手掌（掌心朝上），以右膝盖为中心，向左右分开，往后收回至胯旁，成为拳。右足向前落地，渐渐屈膝成为实步，左腿伸直变为虚步，左右两拳同时由后向前往上相合（虎口相对，拳心朝外），两拳距离约近尺。虚领顶劲，含胸拔背，沉肩松腰，眼神前视。（见图48）

（52）左踢脚　由前双风贯耳式。两拳变掌，左右平肩分开，向下松沉（掌心朝下），坐腹

（一）捶身撇身轉（43）

（二）捶身撇身轉（44）

脚 踢 右（45）

虎 打 左（46）

部下。右足尖向右轉移（面向右斜角），兩手掌心同時翻上相合，往上向內抱起，成斜十字手形（掌心朝裡）。同時左足向前並上半步，仍為虛步，足尖着地，足跟提起，左右兩掌同時翻轉向下。左右平肩分開，將身上聳，以左足尖向左角往上直踢。虛領頂勁，含胸拔背，尾閭中正，眼神向左側前視。（見圖49）

（53）轉身蹬脚　由前左踢脚式。左足向上踢出後即收回，屈膝提起（足尖下垂），兩手同時抱合，成斜十字手形（左手在外，右手在內）。右足跟稍提起，全身以右足掌向右旋轉一大半圈（約正圓形四分之三）。左足落地，踏實身下蹲，兩手掌同時往下朝裡翻轉（掌心先朝下，後向外），上升以右足心向前平直蹬出兩手同時左右平肩分開。虛領頂勁，含胸拔背，眼神向右前視。（見圖50）

（54）撇身捶　由前轉身蹬脚式。右足下垂，往後略收，右腿提起，同時右掌隨腰腿左轉勢，向下往左後捋，漸漸握成拳（拳背朝上），經過左腰部，提上，翻腕圓轉，向前右側角撇下（拳心朝上）。同時右足橫步落地（即足尖向右側，足跟向左側內部朝外），左手在右手向下往左後捋時，亦須向下往後朝上，繞成一立體圓圈。餘見前第十八節撇身捶內載。

（55）進步搬攔捶　見前第19節。

（56）如封似閉　見前第20節。

（57）抱虎歸山　見前第21節。

（58）掤捋擠按　見前第4、5、6、7四節。

虎 打 右（47）

耳貫風雙（48）

脚 踢 左（49）

（59）横单鞭　接前式。左足向左往前踏出半步，面对正方向。余见前第8节。（见图51）

（60）野马分鬃（右式）　由前横单鞭式。上身及两手向右转，直至左手达于两腿之间，高与喉齐，掌心向上，重心移于右足。翻两掌（右掌朝上，左掌向下），上身及两手复向左转，直至右手达于两腿之间。在转时，右手向上升至喉部高度，左手向下沉至左腰旁，重心移于左足。翻两掌（右掌朝下，左掌向上），上身及两手再向右转，直至左手达于两腿之间。在转时，左手向上升至喉部高度，右手下沉至左腰旁，重心移于右足，左足尖向左略移，身下蹲，重心移于左足。同时右手向下往左沉至两腿之间，左掌翻向下，右足向右侧踏前半步，身上升，略向前。右臂提上向右斜升至鼻部高度，掌心略向上，在右足之上，左手向下往左采沉至左大腿旁，重心移于右足。右腿屈，左腿伸直（见图52）。当虚领顶劲，含胸拔背，沉肩垂肘，松腰松胯，眼神向右侧前视。（野马分鬃的动作，犹如揽雀尾，但不同之处为手之转动，限于两腿之间，而臂之上升，则注于向上，非如揽雀尾之着重于向侧也。）

（61）野马分鬃（左式）　由前右式。上身及两手向左转，直至右手达于两腿之间，高与喉齐。上身向后略收，重心移于左足翻两掌（左掌朝上，右掌向下）。上身及两手向右转，直至左手达于两腿之间。在转时，左手上升至喉部高度，右手下沉至右腰旁，重心移于右足，翻两掌（左掌朝下，右掌朝上）。上身及两手向左转，直至右手达于两腿之间。在转时，右手上升至喉部高度。左手下沉至左腰旁，重心移于左足。右足尖向右移身下蹲，重心移于右足。同时左手向下往右沉至两腿之间，右掌翻向下，左足向左侧踏前一步，身上升略向前，左臂提上向左，斜升至鼻部高度，掌心略向上，在左足之上。右手向下往右采沉至右大腿旁，重心移于左足，左腿屈，右腿伸直（见图53）。前野马分鬃（右式）内载…

脚蹬身转（50）

鞭单横（51）

（式右）鬃分马野（52）

（62）野马分鬃（右式）　由前左式。上身及两手向右转，直至左手达于两腿之间，高与喉齐，上身向后略收。以下动作与前第60节内载同。

（63）左揽雀尾　由前野马分鬃（右式）。右手掌心翻下，随腰腿向左后扬，绕成圆形。左手由外向内，随腰腿绕圈，转至右肘下，掌心翻上。左足向左侧踏前半步，左右两手同时前后分开，左手肱部向左侧往前平掤。余如第三节揽雀尾（左式）内载。

（64）上步掤捋挤按　见前第4、5、6、7四节。

（65）单鞭　见前第8节。

（66）玉女穿梭（一）　由前单鞭式。上身及两手向右转，左手转至两腿间（掌心已渐渐翻上），重心移于右足。同时左足尖向右移，翻两掌（左掌向下，右掌朝下）。上身及两手向左转，直至右手达于两腿之间，重心移于左足。右手向左往内转至胸前，掌心向上，右足提起，向左横踏半步。右掌转腕部下沉，并向前伸至右膝上。上身向前并往下蹲坐，重心移于右足。左手置于右肘下，身向上略升，右手提上至鼻部高度，往后向下(用腕部)转至胸前，同时上身向后略收，重心移于左足。右足尖向右移，上身向前伸，重心移于右足。左足向前隅角踏出一步，渐渐屈膝下蹲，右腿渐渐伸直。左肱提起高过头部，掌心向外，右掌在肱下，向前往隅角按出（手指向上），面对右隅角。右手臂勿太伸直，膝勿过足尖。坐腰鬆胯，尾闾收住，身勿前俯，虚领顶劲，含胸拔背，沉肩垂肘，坐腕伸指，眼神前视。（见图54）

（67）玉女穿梭（二）　由前式。上身及两手向右转，直至左手达于两腿之间，右手过右足，掌心向外。上身向右偏，重心移于右足。左足尖向右转移，右手向外往后，绕一平面半

（式左）鬃分马野（53）

（一）梭穿女玉（54）

（二）梭穿女玉（55）

（三）梭穿女玉（56）

圈。向内往左，由腰而腹，至左肘下（掌心向上），上身向左偏，重心移于左足，右手斜形向上往右，提至右太阳穴前。向后往左在头部前，绕一平面圈，下沉至胸前，掌心向外。转身面对背后右隅角，右足踏出半步，渐渐屈膝，下蹲。左腿渐渐伸直，右肱提起，高过头部，掌心向外。左掌在右肱下，向前往隅角按出（手指向上）。余见前式内载。（见图55）

（68）玉女穿梭（三）　由前式。左足尖向左转移，上身及两手向左往下转，直至右手达于两腿之间，左手过左足。上身向左偏，重心移于左足。右手向左往内转至胸前，掌心朝上，右足提起，向左横踏半步（面对左隅角）。右掌转腕部下沉，并向前伸，以下动作与前第六六节内载同。（见图56）

（69）玉女穿梭（四）　与前玉女穿梭（二）式同，惟面对方向各异。（见图57）

（70）左揽雀尾　见前第63节。

（71）上半掤捋挤按　见前第4、5、6、7四节。

（72）单鞭　见前第8节。

（73）云手　见前第37节。

（74）单鞭　见前第8节。

（75）蛇身下势　由前单鞭式。两手随上身后收势，向上往后绕成半圆形，直至左手撤于胸前（左臂屈，右臂照前式不动）同时屈右腿，身往下蹲坐，重心寄于右腿，左腿伸直，左手复向下（达于腹前），往前伸出（见图58）。身勿太前俯，眼神视手。

（76）金鸡独立（右式）　由前蛇身下势式。左足尖向左横移，身体向前。右足提前一步，足尖落地。足跟提起，为虚步（右足不落地亦可），重心寄于左腿右手由后随右腿向前进，至右腰旁。向右往后沉肩松腰，绕一圆圈，随身体渐渐升起势，向上举升，手指朝上。同时右腿屈膝上提，足尖略下垂，右肘与右膝上下相齐。左手掌下按（手指前伸，掌心朝下），置于左腿旁。虚领顶劲，含胸拔背，手勿过高，身勿太仰，肘与膝相合，眼神前视。（见图59）

（77）金鸡独立（左式）　由前式，右足落地，身略下蹲，右手同时下落，置于右胯旁（手指前伸，掌心朝下）。左手在左腰旁向左沉肩松腰，往后绕　圆圈，

右手上掤勿太高
左掌為按勿過偏

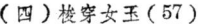

（四）梭穿女玉（57）

低或太高勿過手
身勿前俯
膝勿太出

勢下身蛇（58）

虛靈頂勁
合胸拔背
眼神視手

（式右）立獨鷄金（59）

随身体渐渐升起势，向上举升，手指朝上。同时左腿屈膝上提，足尖略下垂（重心寄于右腿），左肘与左膝上下相齐。余见前式内载。（见图60）

（78）倒撵猴　由前金鸡独立（左式）。左足后退半步，落地坐实，左手掌（掌心翻下），向前往下按沉，复往后收回（掌心翻上）右腿变为虚步，右手掌随势往后圆转，上升至右耳旁，随势向前按出；左手掌同时收至左胯旁余见前第（25）（26）两节内载。

（79）斜飞势　见前第27节。

（80）提手上势　见前第9节。

（81）白鹤凉翅　见前第10节。

（82）搂膝拗步（左式）　见前第11节。

（83）海底针　见前第31节。

（84）扇通背　见前第32节。

（85）转身白蛇吐信　由前扇通背式。左足尖往右向内转移，右掌向上随腰往后翻转右足提起，向右横踏半步（此时练者正面已转至背向），右手掌（掌心朝上）收至右腰旁，成为拳形。左手随腰腿转势，转至胸前，向前扑出。右拳随腰腿向前伸开，变为掌（掌心朝上），以手指往前弹叉，似白蛇之吐信。沉肩垂肘，松腰松胯，眼神前视。（见图61）

（式左）立独鸡金（60）

信吐蛇白身转（61）

手 字 十（62）

腿字十身转（63）

（86）进步搬拦捶　见前第19节。

（87）上步掤捋挤按　见前第4、5、6、7四节。

（88）单鞭　见前第8节。

（89）云手　见前第37节。

（90）单鞭　见前第8节。

（91）高探马　见前第39节。

（92）十字手　由前高探马式。左手掌（掌心朝上）穿过右手臂（近腕背处），向前伸出。同时左足向前踏出半步，屈膝，右足随势移前（两腿成为弓步式），右手随势收回至胸前，腕背置于左臂下。左臂勿太直，身勿前俯，眼神前视。（见图62）

（93）转身十字腿　由前十字手式。上身后收，左足尖向右转移，身向右转，同时两手成斜十字形。身体转至背向时（右手转至左手内部，仍为斜十字形）。右足提起，脚底全部向前蹬出，两手同时左右平肩分开。两臂相齐，眼神前视。（见图63）

（94）搂膝指裆捶　由前转身十字腿式，右足向前落地，两手随腰腿右转。右足尖向右侧横移（成实步），右手随腰腿向外往右绕成一平面大圆圈，随转随握为拳（虎口朝上），置于右腰旁。左手随腰向右绕转至胸前，左足向前踏出一步，渐渐屈膝蹲身。左手往下搂过左膝盖，置于左腿旁，右拳同时向下往前击（虎口朝上，此拳与进步栽捶不同，指裆捶乃向前击者，栽捶乃向下击也），右腿随势渐渐伸直。身略前俯，勿太低，右拳出时为弧线形，向前勿向地，松腰松胯，含胸拔背，眼神前视。（见图64）

（95）上步掤捋挤按　由前搂膝指裆捶式。两手绕两个平面圆圈，同时左足尖向左横移（成实步），右足向前踏出一步，两手同时向前往上掤起，成为掤式。余见前第4、5、6、7节。

（96）单鞭　见前第8节。

（97）蛇身下势　见前第75节。

（98）上步七星　由前蛇身下势式。左足尖向左横移，身体向前往上渐渐升起，重心寄于左腿。左手变拳，置于胸前，右手亦变拳，向前击出（虎口朝上），置于

捶搬指膝搂（64）

星七步上（65）

虎跨步退（66）

左腕下。右足同时随右拳前进势，以足尖向前踢出，不落地。虚领顶劲，含胸拔背，身勿前俯，尾闾中正，眼神前视。（见图65）

（99）退步跨虎　由前上步七星式。右足往后退半步，落地坐实，两手同时上下分开，坐腰松胯，身向下蹲，同白鹤凉翅式。左足向前踢出，落地成为虚步，足尖着地，足跟提起。虚领顶劲，含胸拔背，眼神前视。（见图66）

（100）转身摆莲　由前退步跨虎式。右手向右往下，再向左往上绕一立体圈，同时左手亦向左往上，再向右往下绕一立体圈。两手抱合，左掌抄于右腋下（掌心向下），右手上举（掌心向里），左足悬起，右足跟亦提起，右足前掌着地，身体向右旋转一圆圈。同时右手亦回转一圆圈，两手随转势向右往下搂，转至原有地位。左足落地，重心寄于左腿。右腿成为虚步，足跟略提，身往下蹲。两手随腰腿下沉势，在右大腿外旁，左右分开，约近尺距离（掌心向下），往左由下向上，再往右圆转，达于右额旁，右足提起，向左往上，复向右摆踢，以右足背扫拍两手掌。（见图67）

（101）弯弓射虎　由前转身摆莲式。右足向前往右落地踏实，两手同时随腰向右往后圆转，随转随握成拳，左拳转至胸前，右拳转至右下颚旁，松腰松胯，含胸拔背，身往下蹲，两拳同时向左角伸出，两拳虎口左右相对。虚领顶劲，身勿太偏，臂勿太直，拳勿握紧，眼视左角。（见图68）

（102）撇身捶　由前弯弓射虎式，左足尖向左横移，右手变掌，向前往上扑出，同时左手亦变掌，在右臂下，往后收回。两手下落，向左往后下捋，同地右足提起，横上半步，成撇身捶式。余见前第18节。

蓮擺身轉（67）

虎射弓彎（68）

極 太 合（69）

（103）上步搬拦捶　见前第19节。

（104）如封似闭　见前第20节。

（105）合太极　由前如封似闭式，身往右转。左足尖亦随之向右往内转移，与右足相齐。两手掌心向外，往上分开，随身下蹲势，往下圆转（如抱起一物），复由下往上合成一斜十字形［如前第二一节抱虎归山（一）图式］，掌心向里，往上掤起与胸齐（掤时松腰松胯）。同时右足提起，向左并半步，两手同时左右下垂，掌心向下，手指前伸，与起势同。（见图69）虚领顶劲，气归丹田，敛气凝神，停立片刻，使气血行走归回原状而止。（合太极收势步位，须与起势同一地点，不可两相分离，学者欲求此种同一步位，只需在末次倒撵猴及末次云手时，配凑距离可也。

（注）为使学者容易了解及学习，将太极拳大架子简明叙述如上。至于中架子及小架子，一因每式含有圆圈极繁，一因每式须发寸劲，均非笔墨所能尽其概要，故从简。

Hua · Observations

华

卷二

华观察

绿色金融将大行其道

文 / 马蔚华

马蔚华，著名银行家，原招商银行执行董事、行长兼首席执行官，现任香港永隆银行有限公司董事长。华会所理事。

绿色经济是企业界、金融界共同承担的事情。作为金融行业应该怎么样为绿色经济做贡献？

刚刚结束的十八届三中全会提出一个改革总构想，是达到市场经济、民主政治、先进文化、和谐社会和生态文明五位一体的总目标。生态文明是五位一体改革的重要组成部分。三中全会又提到要加快经济增长方式的转变，实现经济可持续增长。我们现在面临三个可持续，就是经济能不能可持续增长，环境能不能可持续改善，社会能不能可持续发展。

在这三个可持续里，环境有重要制约作用。大家都知道，中国过去30多年年均增长9.8%，超过任何世界经济体的表现。中国有5亿人脱贫，贫困率由65%降到不到10%。中国有95个企业进入世界500强。这些成绩是世界瞩目的，但经济发展遇到了不可逾越的问题。今年经济明显放缓，上半年7.6%，三季度到7.7%，远远低于过去30多年均值。当然影响经济发展有各种原因，如人口红利出现拐点，国际贸易逆转，储蓄率出现下降等。但是有一个大家都不能忽略的问题，就是环境制约。

中国是一个土地、能源、资源都很缺乏的国家。粮食、石油、水资源、矿产等战略物资拥有量低于世界平均水平；但消耗量远远高于世界平均水平，比如污水排放量世界第一，超标68%；二氧化碳排放量世界第　，超标77%。

有一个著名历史学家戴蒙德写过一本书《崩溃》，记录了玛雅文明从兴盛到衰落的过程。玛雅文明非常先进，但玛雅人乱砍伐，破坏了森林和社会资源，最后导致没有食物、水资源，玛雅城邦就此崩溃。今天中国面临经济发展方式的转变，这个教训应该牢记，必须推行绿色经济。

我理解绿色经济有几个内容：一是以低碳排放和循环发展为特征；二是以生态环境的容量和资源的承载能力为前提；最后的目标是资源可持续地利用，生态持续地改善，经济持续地发展。它的本质是代表新一轮的产业革命和技术革命。发展绿色经济不仅有助于碧水蓝天的环境，而且通过产业优化和技术变革，使经济有新的增长动力和广阔的空间。

但绿色经济如果没有金融的支持很难达到目的。从理论上讲，相对于传统工业，绿色经济是技术变革、产业更新，产业链更长，子行业更多，市场边界更复杂。传统的信贷和融资方式难以满足越来越复杂、越来越尖端的经济对金融的需求。所以应该以更大的产业思维和多行业投融资结合，特别需要产业合作基金、国家投资基金等高端的融资工具这方面的突破和配合。另外，由于绿色产业有赖于高标准的技术，简单的金融市场不能满足它的金融需求，必须发展结构性的金融工具和高效率的金融市场。

从实践上，1989年开始出现绿色经济的概念。英国政府2001年就成立了绿色碳信托基金，专门支持企业减少碳排放。现在的统计数据显示，因为这个基金的支持，减少了大约2000万吨的碳排放总量。另外英国银行推出绿色房贷、绿色车贷、绿色信用卡，包括可再生能源的资产证券化等得到了银行的支持。伦敦的碳金融交易量占整个欧盟的40%。

2004年，美国的高盛、摩根史丹利等投行就开始参与碳排放交易，清洁能源的股权投资和相应的投行服务。花旗银行、美国银行等推出了为客户进行碳排放交易的账户管理，还有提供核定每个企业碳排放量的金融业务，而且加大了对绿色新能源、绿色经济的信贷支持力度。在芝加哥有一个气候交易所，在纽约商品交易所有关于环保的衍生品交易。这些支持绿色经济的金融衍生品给金融市场化提供了一个交易平台，也使这些金融企业大受其利。

支持绿色经济，中国要探索一个绿色金融服务的体系。

我理解这个体系包括几个方面：

一是大力发展绿色信贷，一票否决。2003年6月，世界银行和国际金融公司发起了"赤道"原则，现在全球已经有近百家金融机构特别是银行参与了"赤道"原则。所谓"赤道"原则就是绿色的信贷准则，要求金融机构，特别是银行要审慎地审查贷款项目，有没有环保和社会方面等问题。项目发起人要证明项目没有危害环境、危害社会的问题，这样才能获得融资。

二是着力构建一个资本市场。光信贷支持还不够，随着银行脱媒和中国多层次资本市场的建立和完善，把资本市场冠以绿色非常重要。如美国证监会要求上市公司要从环境会计的角度对自身的环境进行评价，然后进行实质性报告。欧盟2007年推出气象债券，融资12亿欧元完全用于环保支出。英国财政部发行绿色债券，融资专门用于风能和废物处理项目。

三是推行绿色保险，或者生态保险，这是在市场经济的前提下探索环境风险管理的基本手段。应该以环境污染责任险为最主要的手段，这是国际市场上通用的保险品种。

四是加快建设碳交易市场，这对金融机构来说是非常好的市场空间。现在全球的碳排放交易爆炸式地增长。以二氧化碳排放权为交易标的的交易额2012年是1500亿美元，预计2020年会达到3.5万亿美元，超过石油市场的交易量，成为世界第一大交易市场。现在世界著名的投行都在涉足碳交易领域。2020年达到3.5万亿美元的时候，这些银行业在碳交易的相关收益可以达到150亿美元。国内碳交易市场近几年有所发展，有10家小规模市场，但是较分散，没有形成一个标准统一的、和国际接轨的碳排放交易市场。

过去的增长可以称为野蛮性成长，但这个野蛮的过程难以为继了。绿色经济应该成为企业自己的文化价值。一个好的企业和一个伟大的企业的区别在于，一个好企业可以向社会提供好的产品和好的服务；但是一个伟大的企业除此之外，还要尽自己的努力使这个世界更美好，当然也包括保护我们的生存环境。

—

警惕结构性失衡引发的长期衰退

—

文 / 许小年

—

—

—

—

—

许小年博士，中欧国际工商学院经济学和金融学教授，曾任中国国务院发展研究中心研究员，美林证券亚太高级经济学家，美国华盛顿和世界银行咨询师等，1996年获得中国经济学界的最高奖——孙冶方奖。

宏观经济短期好转，但结构性失衡仍存

最近一个月，宏观经济数据似乎都在好转，企业状况也比过去强。但是，我认为这只是短期现象。中国经济目前面临的问题不是需求不足，而是结构性问题，在这个结构性问题没有得到解决之前，总体趋势不会改变。

宏观好转主要有两个原因。第一个原因，从去年下半年到今年，政府再一次采取了宽松的财政和货币政策。新政府开始工作以后，曾经有很短一段时间，表明新政府的政策的方向是宁愿牺牲经济增长也要调整结构。但是这样的决心很快就在经济情绪的恶化面前，消失得无影无踪。像世界上所有的政府一样，本届政府以增长为第一目标。所以在今年上半年，当宏观数据和微观情况开始下滑的时候，政策发生转向。尤其是增长下限的提出，非常清晰地表达了政府致力于把经济增长放在第一位。而我一直认为，调结构必然以牺牲增长为代价。

第二个原因，本届政府没有像上届政府那样严厉调控房地产行业。所以，房地产行业的反弹在很大的程度上是这两个月感到宏观形势好转的原因。从公开数据，目前产能过剩最严重的行业最近两个月的价格是反比上升，包括钢铁、水泥、玻璃、建材。其原因在于房地产销售的增长。

为什么经济下滑的趋势不会改变？原因就是中国经济内部有着严重的结构性失衡。我就来分析这个结构性失衡的原因，以及如何纠正这个结构性失衡。所谓结构性失衡，指的是经济的起伏并非自然形成。

经济学把经济景气的循环分两种：一种叫做结构性的经济景气循环，另一种叫做周期性的景气循环。引起周期性景气循环有多种因素，包括库存、技术、投资等。库存是最短周期，库存波动引起经济的波动。最长周期是技术周期，每一项新技术的发明都会带来投资高峰。自然的周期性的经济波动不必担心。但是中国经济目前面临的问题不是周期性的景气波动，而是结构性的。结构性的经济周期波动与自然的周期波动的根本区别在哪里？前者经济一旦陷入衰退，不可能自动恢复。因为结构性的衰退不能够自动恢复，所以结构性改革就至关重要，如果政府没有决心推动结构性改革，中国经济将长期陷入结构性衰退，这就是中等收入陷阱。

用克强指数研判："过剩"经济到来

如何对当前经济形势作出准确判断？克强指数比官方公布的GDP数字更能反映中国经济的现实状况。克强指数分为三种经济指标：发电量、铁路货运量和银行贷款发放量的结合。发电量和铁路货运量自从2009以来一路下滑，趋势非常明显。另外我自己把中长期贷款替换成社会融资总量。

从表面上看，中国经济结构性失衡是投资与消费的失衡。投资占GDP的比重接近50%，居民消费占GDP的35%。而美国的投资占GDP的比重为20%，居民消费占GDP的比重为70%。这种结构失衡只是一个表面现象，其后果是，由于投资增长在过去10年间每年都超过消费的增长，投资的高增长造成了生产能力的迅速扩张，生产能力的迅速扩张却没有被国内市场需求所驱动。市场已经不能够容纳那么多的产业。结果只能是产能过剩。

传统制造业出现大量过剩产业，包括钢铁、水泥、建筑材料、造船等。过剩产能造成生产价格不断下降，PPI（生产者物价指数）已经连续20多个月负增长。生产价格下降意味着企业的利润率受到了挤压。企业的利润率越来越薄，资金流越来越紧，以至于最终发生亏损、倒闭。

今年和去年下半年的社会投资数量形成一个高峰，仅次于2009年的4万亿元。但两者形成了一个非常鲜明的对照。这次投放了这么多资金，市场面反应甚微。于是大家都在问："钱都去哪里了？"全都沉淀到无效和无法回收的投资项目上。结果是社会投资总量往上走，而经济增长率往下滑，缺口越来越大。背后的原因就是结构性失衡，社会购买力增长跟不上产能的扩张，投资无法回收，必须依靠银行贷款来维持企业运转，这就是困境。

投资和消费失衡源于收入分配失衡

为什么投资和消费失衡？钱到谁手里了？于是问题就从需求结构走到了收入分配。

收入分配有两个概念：第一个概念叫国民收入分配，指的是社会总收入在政府、企业和居民三大部门之间的分配；第二个概念叫居民收入分配，指的是居民内部不同收入群体的分配。目前我国的投资主体是企业和政府。而在市场经济中，政府成为投资主体本身就是错的，但这却是现实。消费主体是居民，所以要研究国民收入分配，要看数据。

在过去十几年间，清华大学两位教授研究了从1993年到2007年的情况，居民收入占GDP的比重，从63%降到了52%，企业收入占GDP的比重从20%上升到22%。最大的受益者是政府。政府收入占GDP的比重从17%上升到26%。所以消费和投资的结构性失衡的真正原因是国民收入分配的失衡。在过去十几年间，国民收入的分配朝着有利于政府和企业的方向发展，而不利于居民。居民的绝对收入还在增长，但是相对收入在下降。也就是说居民收入占GDP的比重在下降，或者说居民收入增长的速度跟不上政府和企业收入增长的速度。实际上，政府收入占国民收入的比重太大，而且在不断地增长；居民收入占国民收入比重太小，而且在不断地下降。结果是作为消费主体的居民可以用于消费的资金相对而言越来越少，而政府和企业可以用于投资的资金从相对和绝对而言都是越来越多。

在居民收入分配方面，不利于消费的是两极分化越来越大。2002年中国的基尼系数就已达到0.4的国际警戒线水平。国际上认为基尼系数超过0.4，社会就会不稳定。过去10年间中国的基尼系数不断上升，而消费的主体是大众，是工薪阶层。随着居民收入分配的恶化，作为一个整体的消费率在不断地降低。因为收入集中在高收入群体

中，带来整个经济宏观的消费率下降，储蓄率上升，钱去了银行被用于贷款、投资。所以居民收入分配两极分化的结果是，不断削弱消费，不断地为投资提供资金。可见收入分配在两个层面上发生了变化，都是有利于投资，而不利于消费。

收入分配恶化源于投资驱动的增长模式

国民收入分配恶化和居民收入分配恶化的原因，都在于经济增长模式。

30多年改革开放的历史可以20世纪90年代中后期为界分为两段，前一段叫做基于市场和效益提高所驱动的经济增长；后半段叫做政府主导的投资驱动模式，截然不同。简单地说，前半段是效率推动增长，后半段是数量增长，靠不断地投入资源、土地、劳动力、资金来维持增长。

改革开放前20年靠不断进行制度创新来提高资源使用的效率。所以在不增加投入的情况下，特别是在没有显著增加投入的情况下，中国经济实现了两位数的高增长。增长来自于效率的提高，效率提高源于资源的重新配置。资源重新配置包含两个方面，资源从农业部门转移出来进入到工商业，资源从国有部门转移到更高效率的民营部门，效率得到提高，支撑了中国经济的增长。

前20年除了资源重新配置外，改革开放改变了激励机制。同样一个人，其价值创造完全改变了。在让一部分人先富起来的激励机制调动下，工人、农民企业家的潜力被发挥出来，价值成倍数地增长。所以激励机制的改变，使得在资源基本不变的情况下，创新价值大大增长。这是前20年经济增长的源泉。

效率的提高，来自于资源不再是由国家部门来安排，其中相当部分跟随市场进行配置。

总之，前20年经济增长来自于效率的提高，而效率的提高又来自于：一、资源重新配置；二、激励机制改变；三、资源配置方式的改变，从政府主导转变成为市场主导。

调整国民收入结构，重点在减税

从20世纪90年代中后期之后，增长模式发生了变化，效率的源泉逐渐枯竭。经济增长只好靠政府投资拉动，维持GDP的高增长。既然是政府主导，政府就要掌握资源，直接掌握的资源就是财政税收。政府收入越来越多，居民、企业的税务负担越来越重。这是增长模式所决定的。

为了拉动GDP，政府压低生产要素，主要是土地资源价格，低价推出工业用地，高价卖出商业用地。这样，一方面政府的土地收入上升，另一方面鼓励了企业低成本扩张。但农民和被拆迁居民的利益受到损害，高地价最终由城镇居民承担。所以现行土地政策的实质是，由城乡居民补贴政府、补贴企业投资拉动GDP增长。

城乡居民没有拿到土地的市场收益，相对收入下降，就会影响消费。

实际上，我们是用牺牲消费的方式鼓励企业。在牺牲居民利益的情况下，鼓励企业和政府的低成本，这就是增长模式决定的。比如在信贷市场，通过利率管制，向企业提供低成本资金，鼓励企业投资，牺牲了储蓄者的利益，也就是牺牲了消费。再比如资本市场上股本资金成本和债务资金成本长期倒置，这是不正常的现象。股民在投资上不能够获得市场回报，这会伤害消费。无论是土地市场上的扭曲，还是资本市场上的扭曲，都是有利于企业和政府，不利于居民。所以要素市场的缺失，以及要素市场的政府干预和政府管制，是经济结构失衡非常重要的一个原因。长期忽视消费需求，经济结构失衡越来越严重，购买力下降，最后一定会反映在企业层面上，就是产品卖不出去。

今后几年，我认为将是企业经营非常困难的时期，地方债务也将成为一个问题。如果政府主导的投资驱动模式无法持续，危机迟早会爆发。韩国和日本曾经遭受的危机就是源于政府主导的投资驱动。解决中国经济目前的问题，必须进行结构性的改造。对策很明显，就是减税，而且是实质性的全面减税，调整国民收入结构。

除了减税，还有什么办法可以调整国民收入结构？国民收入结构的失衡是由于政府管制要素市场，所以对策就是建立要素市场，信贷市场化，建立完善的市场化的资本市场，而不是政府配置资源的资本市场。建立土地市场就是打破地方政府对土地供应的垄断，最终要增加土地供应渠道。如果不能下定决心推进改革，中国的经济就会在比较长的时间里，停留在结构性衰退里。尽管有种种阻力，我相信改革始终会走下去。企业能做的，就是争取度过未来的衰退期的冬天，活下去。只要过了这个冬天，春天自然会回来。

Talent's Story

卷三

达人贴

郁亮登顶珠峰的"菜鸟"哲学

文 / 张璐

在11月举办的2013年华·绿色经济论坛上，因为论坛的主题是"绿色"，万科总裁郁亮说：如果我们每个人都健康快乐的话，地球离绿色也不远了。

于是，他作了一番别出心裁的演讲——关于他自己的故事。他曾给自己定下50岁前完成登珠峰、跑马拉松、练腹肌等三桩心愿，2013年的10月20日，他以3小时44分的好成绩结束了北京马拉松赛程。

见过郁亮的人，很难想象这个中年发福男，经过短短三四年有计划的锻炼，竟跻身"型男"行列，并且提前拿到了他承诺给自己的50岁生日礼物——登顶珠穆朗玛峰。

很多人都认为，像万科这样一个连续三年销售额超千亿元的地产老大，在面对众多竞争对手摩拳擦掌意欲赶超的时候，应该整天关着门在会议室里研究战略，争分夺秒地推进市场销售，加班加点地分析竞争者。

可是郁亮却用登珠峰、乐跑这样简单的管理理念颠覆着传统的管理方法，并一直领跑这个行业。

郁亮在万科总裁的位置上12年间，领导一个原年销售额只有20多亿元的企业，迈向年销售额超过千亿元的巨型企业。万科在规模化做大之后，如何于竞争激烈的环境下，让员工在一个新的起点上，推动公司持续发展。这是郁亮不断思考的问题，他最终悟出："员工的健康和快乐是企业的凝聚力，而健康快乐从运动开始。"于是，他决定从自己做起。

2013年5月17日12时35分，郁亮成功登上珠穆朗玛峰，站上珠峰之巅，征服了这座海拔8848米的世界最高峰。那一刻，郁亮从怀里取出女儿的照片亲吻，跪谢天地。之后，他说"感谢珠峰女神让我上去看了看"。

郁亮参加2013北京马拉松比赛，以3小时44分的成绩结束全赛程 / 万科供图

"万科运动员股份有限公司总经理"郁亮 / 万科供图

登顶珠峰是无数专业登山者的梦想，但实现者寥寥无几。郁亮也因此成为少数可以登上珠峰的国家级运动员。究竟是什么样的力量给予了郁亮攀登世界最高峰的勇气？郁亮自嘲是"菜鸟心态"，有菜鸟的心态，就不怕失败。从珠峰回来后，郁亮总结出菜鸟登珠峰征服的四个挑战要素：第一是保证充足体能；第二是训练雪山攀登技术；第三是克服高原反应；第四是做好后勤保障。"如果做好这些准备，然后把梦想变成计划分解开来，运动菜鸟也有可能登上珠峰。" 郁亮曾在T恤上印着："我不是为了登顶，而是为了回来！" 菜鸟队把登山与生命安全之间的逻辑，想得很清楚。

"躺在上面的不是英雄，我要回来，只要有危险，就应该立刻停止攀登。有时候放弃登顶是一种美德，因为生命比登山更宝贵。登珠峰这件事情征服的不是高山，而是征服你自己，你挑战的是自己，而不是挑战高山。"

在2010年，郁亮加入万科20周年的时候，当时他45岁，开始为登山做准备，第一步是减肥。因为"身上一斤肉，山上一条命"，体重有时候决定登山者的生死。郁亮的减肥原则有三不：不吃药，不动刀，不饿肚子。三个月之后，艰苦的减肥，即告成功。

尽管实力比较"菜"，但郁亮的专长是"强硬"的计划性与执行力。"山下多吃苦，山上少受罪"，为了锻炼体能，三年间，郁亮的独家秘诀是"管住嘴，迈开腿"。"我比别人跑得快一点，是因为我想要活着回来。" 为了适应高山，菜鸟队从组建开始，就制定了极其详

2011年9月郁亮登上黄河源，海拔4601米 / 万科供图

细的训练计划。2012年菜鸟队去了9至10次高原，其中包括长江源和黄河源。而对于冰雪技术，就是熟能生巧，巧练胆量。

有了菜鸟心态，高山很适应了，体能上做好准备了，冰雪技术掌握了，再加上后勤保障做充足了，就这样，2010年10月，登顶四姑娘山大峰5038米；2011年5月，登顶启孜峰6206米；2011年9月登顶四姑娘山二峰5276米；2012年7月，登顶慕士塔格峰7546米；2012年9月，登卓奥友峰时因天气原因被迫下撤8201米。而这些都是为实现真正目标的热身——他要登上珠穆朗玛峰。

2013年5月17日，郁亮开始攀登8848米的珠穆朗玛，完成了一个运动菜鸟的成功逆袭。"有些人以为我有钱，是雇人抬上去的。实际情况是每个人都要背着十几公斤重的氧气筒，自己上去都不容易，怎么可能还背个人。这也是为什么众多遇难者的遗体没法送下山的原因。"

在讲述这些让听者胆寒的经历时，郁亮一如既往腰杆挺得笔直，一身整洁干净的白衬衫，笔挺的西装让他如今俊朗的身体更加挺拔，别有一番仰望天边云卷云舒的淡然。

2003年王石和深圳大学女教师梁群等开创了业余登珠峰的历史。"我受到了他们的影响，"郁亮说，"登珠峰也很有自我实现意义，尤其在女儿面前可以骄傲一把嘛。"一个"菜鸟"能够变成"达人"，需要感谢深圳。深圳是全国最多业余登山者登珠峰的城市，到现在已经

2013年5月17日郁亮登上珠峰之巅 / 万科供图

有14位深圳人登上了珠峰。另外，深圳是唯一一个有3个马拉松赛事的城市，深圳的体育氛围非常浓厚。

每个深圳人都有深圳梦，都想闯出一片天地来。郁亮认为："深圳人从来都不甘于现状，个人奋斗，不断进取，勇于挑战。我能够登珠峰跟深圳这个城市所带来的涵养是有关系的。"

郁亮从珠峰下来之后，最大的感悟之一是：平安和健康构成了你幸福的99%。但是我们平时把平安和健康当成了理所当然的事情。其实不然，这也是需要努力才能得到的！而要健康快乐就需要从运动开始。一个有运动爱好习惯的人很少有负面情绪。

为此，他希望运动能变成公司的文化，而非仅限于个人爱好。他要求公司办公区都要有淋浴房，便于员工在运动后洗澡，甚至还将管理团队的奖金与员工体能指标挂钩。

郁亮由此有了被戏称为"万科运动员股份有限公司总经理"的第二个身份，他感到特别自豪。为什么要跑步？阿甘的回答是"我就是喜欢跑步"，郁亮的回答是"为了健康，为了快乐"。跑马拉松没有登顶珠峰来得波澜壮阔，但日复一日的坚持有时却比瞬间的爆发还要难。

2014年万科准备在60个城市推出乐跑赛，贯彻"快乐"的运动观念，鼓励大家参与跑步这项运动，享受其中的快乐、友谊和健康。而郁亮正是通过这种言传身教，潜移默化地影响着身边的每个人，使越来越多的万科员工以及身边的朋友都参与到乐跑运动中来。

郁亮身上带有强烈的不断挑战自我的万科文化，他的另一面却是主动放低身段的菜鸟心态与领跑者的胆识和气魄，两者相映成趣却又相得益彰。

郑丹华，用绿色演绎人生

文 / 木兰　　图 / 欧阳勇

郑丹华生于潮汕，上世纪90年代与家人在深圳创业。在潮汕人中，她是一个少见的"事业型"家庭女子。

2013年11月，在华会所生态环保基金会一周年活动的公益拍卖现场，郑丹华和她的先生洪汉忠一起捐赠了一块"红运当头"石。石头用浙江叶腊红石创作，温润和红度有点像浙江昌化鸡血石，有如鱼得水、蒸蒸日上、红运当头之意，最终此石以36万元收拍。这次公益之举并非偶然，在华会所基金会成立后，郑丹华和她的家人已经多次参与环保公益项目，但正是由于这次绿色的聚会，我们与郑丹华结缘，听她讲述她的故事。

在潮汕文化绵延多年的传承下，郑丹华和她的家人像许多潮汕人一样都是虔诚的佛教徒，相信种下善因才能得善果。郑丹华说，在她的家中，父母一年中会跑遍佛教名山拜佛祈福。不需要刻意的指点，从祖辈的言传身教中，家里的小辈都会被这种善的氛围感染。她说，即使老人不知道什么是绿色环保，但他们却时刻在行动上实践这个概念。

一方水土养一方人，素有"海滨邹鲁"美誉的潮汕地区地处美丽的南海之滨，气候湿润怡人，物产丰饶，自古人杰地灵。在这片灵秀的山水中孕育出来的潮汕女性，身上也有着十分独特的地域色彩，"秀外慧中"、"贤妻良母"等诸如此类的赞誉之词，历来是外界对潮汕女性的评价。在郑丹华的身上，我们看到了一个在传统与现代之间"兼收并蓄"的女子。从潮州的电器小市场起步到踏上深圳的创业路，从小型贸易公司到涉足金融、电子、房地产等多产业的企业集团。从创业初始，丹华和先生一路共历风雨走来，身上体现出潮汕商人脚踏实地的奋斗精神。这样的坚毅和耐力或许源于她从学生时代就明白的一句话："可以海

在潮汕人中，郑丹华是一个少见的"事业型"家庭女子　摄影 / 欧阳勇

郑丹华夫妇为华会所基金会捐赠红运当头石拍卖现场，著名演员张国立主持了拍卖活动

孩子随郑丹华参加华会所基金会公益植树活动

阔天空地想，但要脚踏实地地做。"这句话是她的老师曾经告诉她的。从她踏上事业道路上起，每一步都印证了这句话的内涵。来到深圳后，丹华和她的丈夫洪汉忠开始在华强北经营LED，一步一个脚印，在夫妻两人的诚信经营下，生意越来越好，他们对市场的了解也愈加深刻。借着对LED行业发展前景的精准预测，他们开始投入到半导体发光二极体的专业生产和研发。选择LED这个细分市场，郑丹华的出发点是因为环保。

美国著名的财经刊物《 FORTUNE 》（财富）杂志最近发表对全球 2000 名企业高级管理人员所做的一项名为《未来五十年全球增长最快的十大行业》的抽样调查显示：节电行业名列十大热门行业第四。LED是整个光电子产业的基础，目前广泛应用于汽车车灯、冰箱灯、城市景观照明、广告牌照明等等。LED不依靠灯丝发热来发光，能量转化效率也非常高，理论上可以达到白炽灯10%的能耗，寿命则是白炽灯的100倍；相比荧光灯，LED也可以达到50%的节能效果，具有高效、节能、寿命长、免维护、环保等优点。我国照明用电每年在3000亿度以上，用LED取代全部白炽灯或部分取代荧光灯，就意味着节省的照明用电达1000亿度，相当于一个总投资超过2000亿三峡工程全年的发电量。LED被称作"绿色照明光源"，为全固体发光体，具有耐冲击不易破碎，废弃物可回收、减少大量二氧化硫及氮化物等有害气体以及二氧化碳等温室气体的特点，投入使用能够产生改善人们的生活居住环境。究其原理，因为LED运用冷光源，眩光小，无辐射，使用中不产生有害物质。在丹华的介绍中，他们的LED研发和生产基地的建设、运营都以绿色为先，其中不乏无纸化办公、使用太阳能、设备热能回收再利用等绿色措施。

凭借在高新科技领域的企业实力，历经16年的打拼，2013年，郑丹华夫妇开始进军资本市场。谈到自己的小额贷款公司时，郑丹华说发展绿色金融是他们所追求的。广义上来说，绿色金融就是将环境评估纳入金融机构的流程，在投资行为中注重对生态环境的保护，注重绿色产业的发展。在这个基础上，丹华希望能给更多人及时的帮助。她认为，"善"也是绿色的一种形式。近期，他们又与绿色公益机构国际生态发展联盟、学术机构北大汇丰商学院一同成立了绿色经济研究所，探索绿色经济的发展途径。身边的朋友在他们夫妇两人执着于绿色环保的理念追求感染下，也不知不觉被拉进这个绿色的圈子。

传统的潮汕人谦恭有礼，孔夫子传下的儒家观念深入人心。潮汕女性也与生俱来有着温柔贤惠、谦恭宽容的特点，而且性格内敛、不轻狂、不浮躁。见到丹华她总是面带笑容，语气和善又亲切。不论是作为妻子、母亲，还是媳妇、女儿，她都永远把家庭当作温馨的港湾。她在拼搏事业的同时，精心经营家庭，怀着一颗充盈母爱的心，爱丈夫，爱亲人，这也许就是潮汕人传统教育中根深蒂固的对家庭的归属感。在潮汕地区，不管是过去的民间传说，还是现代现实生活中，都不乏女性为家庭甘于奉献的感人故事。热爱家庭、经营港湾是潮汕女性身上又一突出特点。对子女的教育上，丹华延续了父辈教育自己的影子，并不希望刻意塑造孩子，只是做好家长该做的，通过言传身教让孩子懂事、成长，只要孩子待人处事都怀着一颗善心便足够。

时代的进步在于每一个人的努力。丹华认为关于绿色、关于环保的努力会尽力而为，即便不能一个朝夕就让环境变得最好，可是也绝对是向更好的方向迈了一步。希望我们的下一代能看到更蓝的天、更清的水，不用面对灰霾的空气，不用感受秋冬的沙尘。要实现这样的蓝图，或许道路漫长而不平坦，但这是一条光荣的荆棘路。明天的希望仍在，因为今天，她播下了一颗绿色的种子。

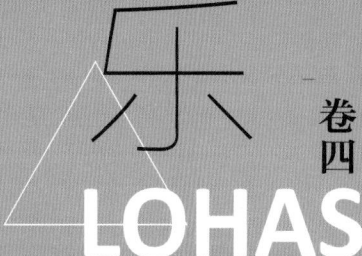

乐

LOHAS

凡高一生的杰作

—

文、图 / 朱米

—

—

02

01 凡高自画像（局部）1887—1888年

02 1873年，19岁的凡高照片

03 凡高给弟弟提奥的信，（左）1883年10月3日，
（右）1883年10月28日

03

凡高的画作是最广为人知的西方美术经典之一，尽管他只活了37岁。

1890年7月，他在精神错乱中开枪自杀。但后人在研究他在那个时期的书信和作品时，发现他并非处在精神错乱中，而是已经感觉到创作激情的衰落。事实上，这一阶段，凡高的作品开始受到社会的关注，并让他感到欣慰。

1889年底，凡高的几幅作品在巴黎的第五届独立艺术画展中以及比利时的先锋派画家的画展上展出。1890年1月，评论家奥瑞尔发现了凡高的才能，并撰文赞扬凡高的作品。但凡高却似乎失去了最初的创作激情。他在给弟弟提奥的信中写道："我感到……一事无成，对于我来说，这就是我所接受的命运，并且它不会再改变了。"

这一年的5月底，凡高迁居到巴黎北部的乡村奥维尔。途经巴黎，他看望了提奥、夫妇及其幼子。比他小四岁的弟弟提奥一直是凡高最忠实的艺术支持

04

04 凡高在法国阿尔居住和工作过的"黄房子"
05 凡高自画像（局部）
06 《阿歇斯蒂娜·塞加托丽坐在玲鼓咖啡馆》／凡高创作于巴黎，1887年，55.5厘米×46.5厘米。画中女子是这间咖啡馆的女主人，凡高曾与她有过短暂的暧昧关系

者。因为凡高一生中没有卖出过几幅画，他的经济来源几乎都由提奥来提供。而提奥的妻子也没有因此而抱怨。在凡高的家庭中，凡高是家中长子，下有三个妹妹和两个弟弟。提奥是他的大弟弟。

凡高于1853年3月30日出生在荷兰乡村松丹特的一个新牧师家庭。少年时的凡高是一个安静而没有显示出有特别天份的孩子，断断续续地接受过乡村学校和私立寄宿学校的教育。16岁那年进入他叔叔文森特合伙的法国画廊工作。他的伯伯海因和叔叔文森特都是画商。凡高就在法国画廊古比尔公司的海牙分店当店员。

失意于伦敦的初恋

1873年，凡高被调往伦敦分店。20岁的凡高外表丑陋，走路佝偻着背，活像个小老头，加上生性孤僻，不善与人交往。他住在伦敦老城区，第一次见到房东太太的女儿尤金妮亚，竟一见钟情。此后，他感受到生活无穷的快乐，并偶尔还有几分幽默。但是，他正式向尤金妮亚求爱时，却遭到拒绝。这给凡高以巨大的打击。他痛苦不堪，最后黯然离开伦敦。

1875年5月，凡高到巴黎古皮尔公司。这期间，也许是失恋的缘故，他开始热衷于神秘主义和宗教，并对成为艺术品经销商的工作失去兴趣。第二年，他被解雇了。随后，他在英国拉姆斯盖特找到一份助教的工作。但这份工作同样没有带给他光明的前途，他便于1876年回到家乡荷兰。由于对宗教的兴趣，他希望成为一名牧师，赴阿姆斯特丹，计划报考神学院。父母为他支付了进入大学所需要的私人课程的学费。但是，凡高没有坚持上学。他似乎没有对任何一件事情保持过长时间的热情。

1878年7月，他放弃了在阿姆斯特丹的学习，8月进入布鲁塞尔为期三个月的福音传道学校。在接受了短暂的教育之后，他就作为一名助理牧师前往比利时南部的矿区博理那日（Borinage），在那里他从事牧师工作，与矿工及其家庭完全融成一片，开始他非正式的传教生涯。好景不长，1879年，他由于工作过于热情，被教会解雇了，父母也视他为社会弃儿，一度想将他送进精神病院。

这种处境让他陷入贫困，同时也让他对生活失去信心，与家庭的关系也日益疏远，开始较长时间的独居和思考。他的弟弟提奥这时建议他搞艺术。他尝试画一些素描，住在一个矿工家里，临摹米勒德的作品，当年10月前往布鲁塞尔学习透视学和解剖学。提奥为他提供了经济支持。

06

过去作为牧师的经历逐渐在他身上转变为另一种热情。"以素描或者绘画作品的形式留下一种纪念品，不是为了将其悬挂，而是使人们从中体味到真实的人情。"

吃土豆的人

1881年，凡高回到家乡小住，见到在他家中做客的已是寡妇的凯表姐。凯表姐美丽而热情，让凡高沉醉并坠入爱

河。凯是一个典型的荷兰女子，深褐色的头发和丰满的嘴唇，让凡高体悟到与尤金妮亚完全不同的美。让他重新发现了爱情。但是，很遗憾，凯对他并没有任何兴趣。一天，吃完午饭，当凡高与凯在小溪边林荫下小憩的时候，他大胆表白爱意，凯却愤怒离去。

经过两次求爱失败，凡高只有将纷乱的情绪全部画于纸上。这年底，他前往海牙，得到了表姐夫莫夫在素描和

07

油画方面的指导。但凡高不久与一个怀孕同时还带着一个非婚生孩子的妓女西恩来往，这让莫夫大为恼火。很快，他就疏远了凡高。在他看来，凡高是一个不可救药的人。

凡高在海牙创作了几幅油画，但大量的作品还是素描。他叔叔订购了他的一些关于海牙的景色素描。当时，人物画家可以赚到更多的钱。凡高迫于生计也开始尽可能多画人体模特，提高人物画的水平。1883年9月，他离开西恩，由于缺少画材和模特。三个月后，他搬去父母所住的北布拉邦省的纽南与他们同住。

在纽南，他开始学当时风靡欧洲的米勒乡村生活作品进行创作，并给自己定下一个创作原则："在画中描绘农民和工人的生活"。1884年5月，他向天主教堂司事租借了房屋，其中一间作为画室。年底，他画了一系列以人物肖像和农民粗糙的手为题材的油画和素描，计划为创作一幅大型的完整人物作品积累素材。1885年4月，他终于完成了在荷兰期间的杰作《吃土豆的人》。

出于对正规艺术教育的渴望，1885年11月，凡高决定离开纽南到安特卫普的美术学院学习。但那里的课程没有让他产生兴趣，倒是在那里的博物馆里吸引了他，他对鲁本斯的色调色彩和画笔运用技巧着了迷。同时，他也开始接触到日本的浮世绘版画艺术。

08

1886年初，凡高来到巴黎与弟弟提奥同住。在那里，他第一次看到印象派和后印象派的作品。明亮清新的色调与他在荷兰时所偏爱的深暗色调形成巨大的对比。这让他大为震动，并抛弃了过去的方法，尝试使用印象派和后印象派画家的技巧。同时，他也研究日本艺术家的版画。在巴黎，他认识了高更、西涅克以及修拉等先锋画家，并成为好友。这期间，他对自己成为艺术家充满了信心，开始以独到的用色技法来创作，尝试从画静物花卉中寻求自己独特的风格。

创作于阿尔的杰作

1888年初，凡高来到法国南部的阿尔，那里的风景给他以强烈的创作冲动。那年春天，他创作了一系列以鲜花盛开的果树为主题的作品，夏天又创作了金色麦田的系列油画。他没有出售任何个人作品，而是计划创作出

三十幅高质量能代表他能力的油画。他对自己信心百倍。事实上，他生前只出售过一幅油画《红色葡萄园》，在1890年以400法郎卖给比利时画家安娜·博赫，现藏于莫斯科。

09

07 《吃土豆的人》，凡高创作于纽南，
    1885年，62厘米×114厘米
08 《向日葵》，凡高创作于阿尔，1889年，95
    厘米×73厘米
09 《花魁》，凡高在巴黎临摹日本浮世绘
    的作品。1887年，105.5厘米×60.5厘米

10

阿尔的景色和创作状态让凡高异常兴奋。1888年10月，高更来到阿尔，与凡高同住，并一起创作。两人相见甚欢。但是不久，这种状态被他第一次的癫痫病发作而扰乱。这使他生活在幻觉中，并有着类似精神病的发作。反复发作的病情，让两个艺术家开始争吵不断。在一场剧烈争执之后，高更愤然离去。

凡高情绪因此失控，而割下自己的左耳垂。他的内心陷入迷茫和深邃的思考，在他给弟弟的信中可以看到："在大多数人的眼中，我是什么？"

凡高十分沮丧，也意识到自己的内心和身体问题。1889年4月，他去了附近的圣雷米在圣保罗精神病疗养院接受治疗。其间，他还在花园里绘画和写生。阿尔奇炫的景色，让凡高对色彩的感觉异乎寻常的强烈。但凡高在疗养院里创作的作品却变得色调柔和、笔触生动。

1890年5月，经过治疗的凡高看起来恢复了健康。他的作品参加了几个展览，同时引起了小小的关注。这一

由于她的不懈努力，凡高的大师地位终于在20世纪20年代得到国际认可。这之后，她决定将收藏尽可能集中在一起。1920年以后，她只有一次出售了一件藏品。最后，她将所有收藏成立文森特·凡高基金会，基金会发起在阿姆斯特丹设立凡高博物馆，让世人得以亲睹凡高用短暂一生创作的200幅油画和近500幅素描等伟大作品。

10　《蒙特马尔：风车和菜园》，凡高创作于巴黎，1887年，44.8厘米×81厘米

11　《收获》，凡高创作于阿尔，1888年，73厘米×92厘米

12　《杏花开》，凡高创作于圣雷米，1890年，73.5厘米×92厘米

13　《奥维尔的风光》，凡高创作于奥维尔，1890年，50厘米×52厘米

11

年7月27日，毫无预兆地，凡高突然向自己的胸部开了一枪，两天后去世。半年后，他的提奥弟弟也去世了。提奥的妻子陷入巨大的悲伤，默默地收拾兄弟俩所有的家当：提奥收藏的凡高的画和兄弟俩往来的书信。她将这些带回家乡荷兰，努力将这些收藏促成展览，并使凡高的作品得到承认。

12

13

01 BV经典的手持小包系列

独特BV：
葆蝶家的
低调奢华

文、图 / 寇岚

"当你不知道用什么来表达自己的时髦态度时，可以选择LV，但当你不再需要用什么来表达自己的时髦态度时，可以选择BV。"

这是一句广为流行的时髦语。大致说明了BV独特的品牌风格。

BV，全称Bottega Veneta，中文名为葆蝶家，也有翻译为宝缇嘉，品牌于1966年由 Michele Taddei 及 Renzo Zengiaro在比邻威尼斯的意大利小镇，也是历来欧洲奢侈品的制造重镇维琴察（Vicenza） 创立，以生产优质皮具起家，手工艺匠人创造了名为Intrecciato的独特皮革编织技术，而这种皮革编织手法，现已成为广为人知的品牌标志。

Bottega Veneta在意大利语的意思是"威尼斯手工作坊"。与其他奢侈品

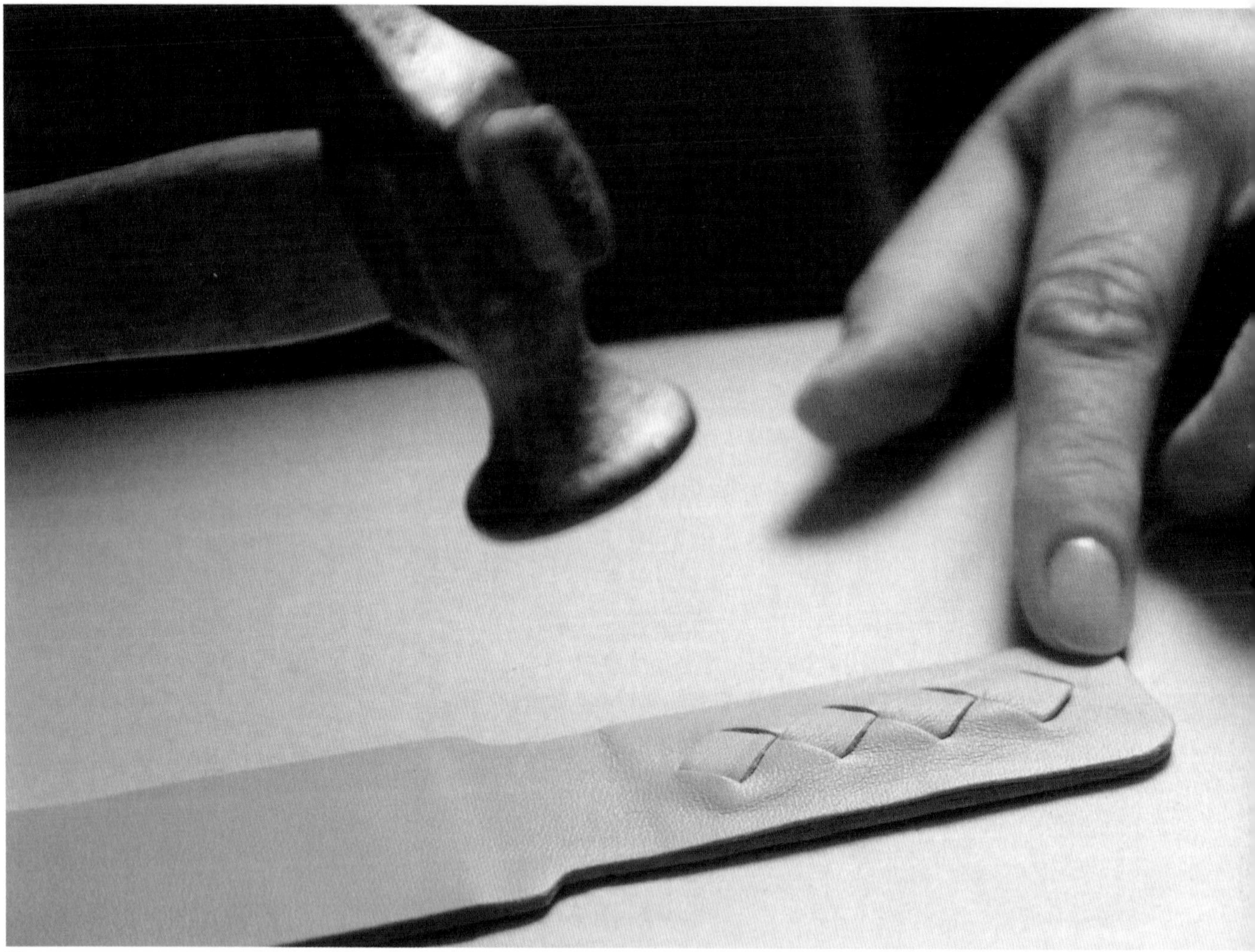

02

品牌不同，Bottega Veneta的产品外观上没有明显的标签，更没有LV那样连续的LOGO图案。"低调的高贵"成为Bottega Veneta的品牌主张。没有标签的Bottega Veneta成为一道独特的风景，耀眼到灼目。

极少有品牌像Bottega Veneta一样，拥趸与反对者的界限划分如此清晰统一：在Bottega Veneta的标志性单品Cabat包上，你找不到任何一处显眼的品牌LOGO，爱它的人钟情它的低调与矜贵，恨它的人往往想不通花了几

万块，却不能像LV、PRADA一样，将显赫的LOGO在周身显露无遗。

葆蝶家的时装美学是含蓄细致。它主张欣赏Bottega Veneta的人，都是具备"自信、优雅而忠于自己风格"的个人特质。以其卓越的工艺，朴实的风格和无标志的设计，在上世纪70年代，品牌以"When your own initials areenough"（当你的名字已经足够）作为广告标语。波普艺术家安迪·沃霍尔（Andy Warhol）曾到其在纽约的专门店选购圣诞礼物，继而为品牌制

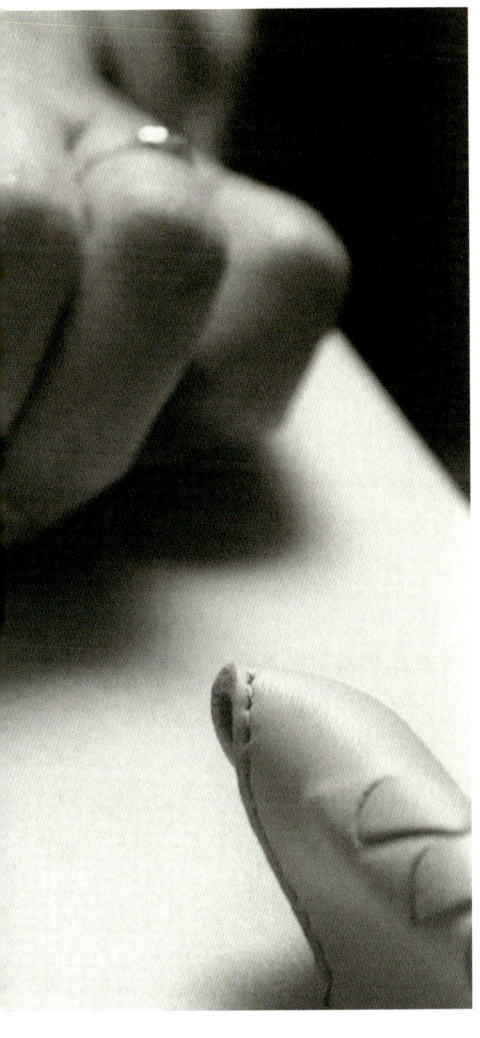

2001年2月，品牌被 Gucci 集团收购；同年6月，Gucci 集团聘请44岁的汤马斯·麦耶（Tomas Maier）加盟并出任创作总监一职，随即于秋季推出其首个系列——春夏 2002 系列。Maier 先后于 Sonia Rykiel 及 Hermès任职，是全世界最知名奢侈品牌的掌舵人之一，也是时尚圈最低调的设计师。他会说德语、法语、英语和意大利语，有自己坚持的哲学体系。

上任后他屏除了产品上显眼的标识，取而代之的是其极具品牌代表性的

02 极具品牌代表性的Intrecciato编织技术
03 葆蝶家设计总监Tomas Maier
04 明快的色彩同样是品牌的招牌
05 晚装包设计是经典中的经典，明星红毯秀必带的手包之一

04

作短片。Bottega Veneta 快速成为国际名流钟爱的品牌，被称为"意大利的爱玛仕"。

在上世纪70年代后期，创始人之一的 Renzo Zengiaro离开Bottega Veneta，而另一个创始人Michele Taddei在几年后亦同样离开了这个意大利品牌；Vittorio和Laura Moltedo (Laura 早前下嫁 Taddei) 于是从纽约回到维琴察继续经营。之后品牌的光辉不再，到90年代甚至摒弃了其低调的风格，转而选择随波逐流，生产潮流时尚产品。

05

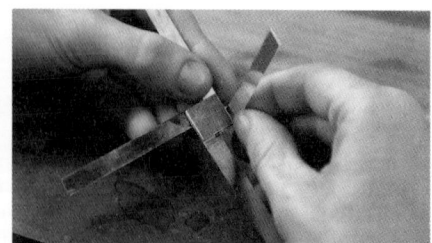

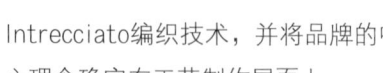

06

06 经典的编织风情匠心独具,从不站在时尚流行的风口浪尖,却在每个细微处引领超越潮流的生活方式

07 品牌的中心理念确定在工艺制作层面上

08 Cabat是葆蝶家畅销不衰的系列

Intrecciato编织技术,并将品牌的中心理念确定在工艺制作层面上。

传统挽救的经典

2001年,Maier初到葆蝶家时,品牌正处于困境。

他的第一个想法是把品牌的传统找回来,因为葆蝶家创建于一个以精致皮具手工著称的意大利地区,那里有很多手工艺人,他们守着家族世代相传的好手艺。因此,Maier坚信, 卓越手工与创新设计的结合一定会受消费者欣赏。

掌舵后,Maier设计出一款与时尚氛围截然相反的包,以皮革编织,两个手柄,没有金属配件,没有品牌标识,没有装饰,这款叫做Cabat的包,不仅成为品牌的最畅销单品,也成为时尚界的热门。首次出击的成功,让Maier更加坚定地认为,总有一些不愿意被轻易看穿的顾客。葆蝶家的顾客有自己的品位,他们不想把别人的名字穿在身上。

Maier的另一个举措是拒绝让经典产品参与打折销售,引领品牌回归至核心价值。比如经典的Cabat,当年每只售价5500美元,并且从没停止过攀升。和其他明星设计师不同的是,与品牌的主张同样低调的Maier拒绝张扬自己的名字,他把工作成果称作是与手工艺人们合作的结果。

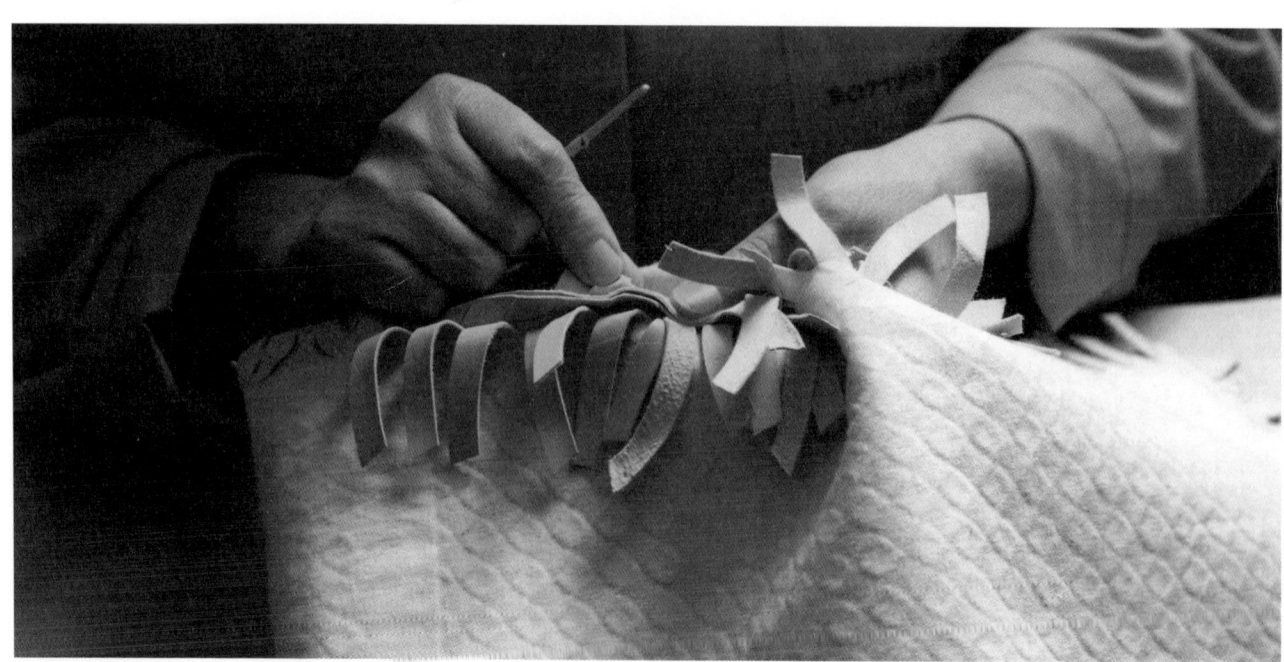

09

10

在他看来，那些畅销产品是"手工艺人和设计师之间的完美合作。意大利手工是葆蝶家的招牌。现在我们和创立之初很相似，公司不断扩张，但是美学标准没有改变过。"

葆蝶家有四个核心的理念：上等质量的素材、卓越的工艺、时尚的功能以及隽永的设计。同时，Bottega Veneta只有一个品牌，没有二线品牌，从不找明星代言。

葆蝶家的产品设计宗旨是"把不必要的装饰删除，保留功能性"，这理念一直贯穿所有的产品。在Maier看来俗气无聊的设计，就是那种能被人轻易看出来是如何设计制作的。

Maier的设计美学

生于德国的Maier毕业于法国巴黎高级订制服装学院。既有德国人严谨、低调、讲究质感的个性，又有法国浪漫时尚的审美情趣。读书时，他曾去看时装大师伊夫·圣罗兰（Yves Saint Laurent）的时装展示，每个人都在谈论剪裁多棒，但他却对其中一条裙子着了迷，那看起来就像一块布，但是当模特穿着它走动时又是那么妥帖，猜不出缝线在哪儿，而对观众而言这就是完美。这成为Maier此后一直以来都信奉的原则。当他设计包时，也不希望有明显缝线。很多人并不在意，但这是他工作的乐趣。

Maier做了30多年的服装，在这些年里，做过的衬衫不计其数。他认为："完美就是什么都没有，你也可以说是绝对的纯净。好设计就是你看不到它，但是，你能看得到使用它的人。"

09 编织特色就是风格
10 简洁与繁复是一个完美的对比
11 葆蝶家从来不使用名模和影星来宣传品牌
12 葆蝶家香水
13 葆蝶家时尚手表

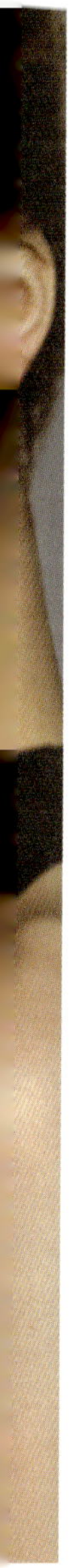

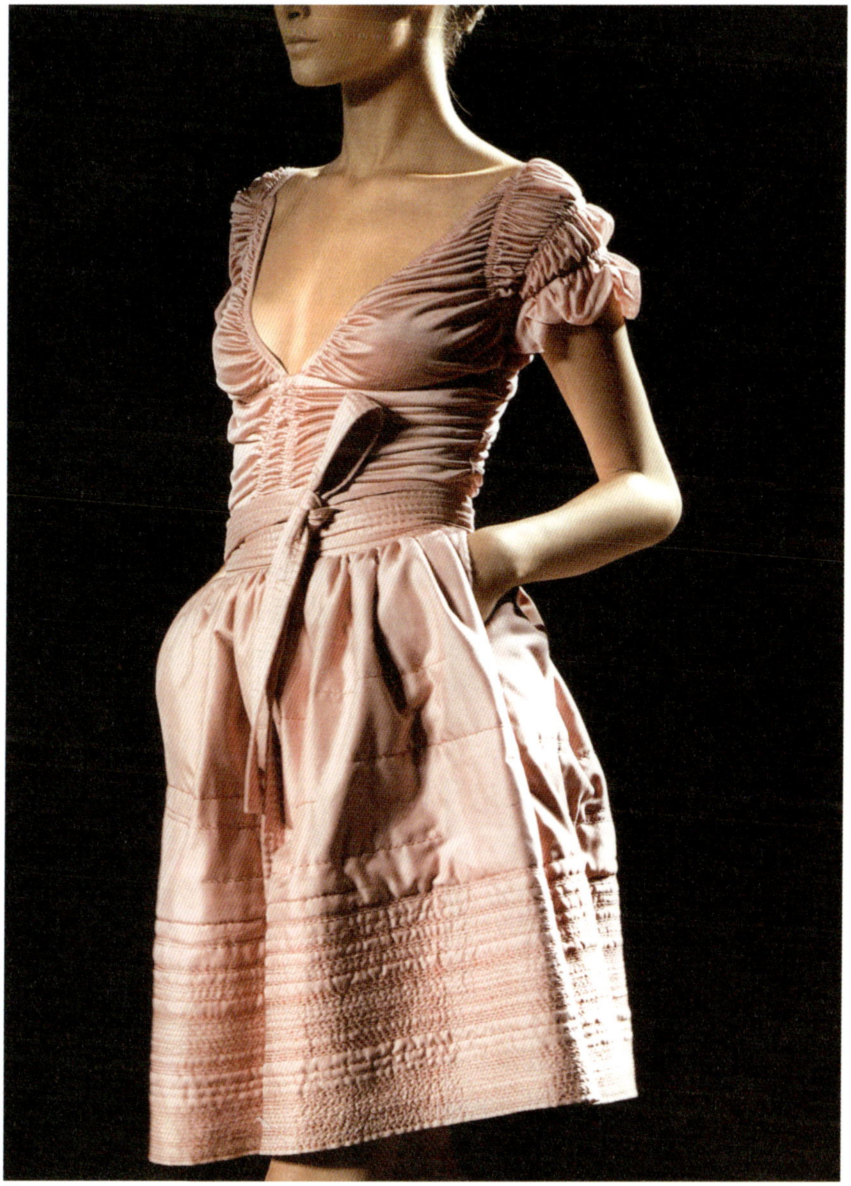

11

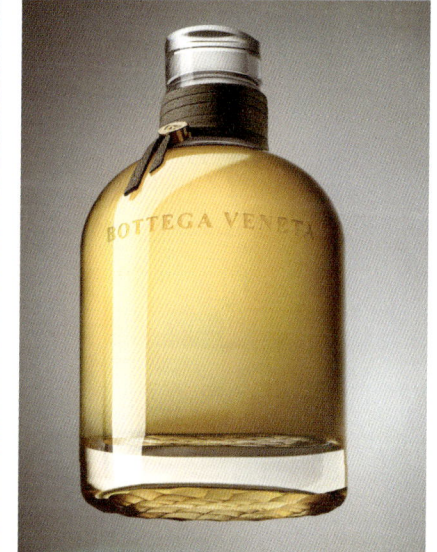

12

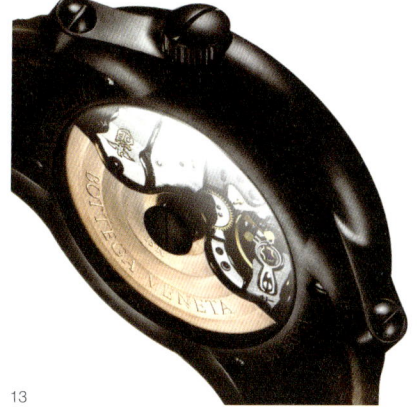

13

他不会为了上杂志封面而去特别制作一件衣服，因为“我们设计制作产品是为了最后能销售它们”。以销售为核心的葆蝶家，为丰富产品线，陆续推出多个新系列，包括高级珠宝、眼镜、居室香氛及家具，同时不断丰富原有的产品种类，如手袋、皮鞋、小皮具、行李、家居用品及礼品。

2005年2月及2006年6月，Bottega Veneta正式发布其首个女装及男装时装秀。新一季的服装及家具系列均于米兰总部办公室进行发布。考虑到有百年历史的意大利传统皮革工艺的重要性及优秀工匠的流失，Bottega Veneta 于 2006 年夏天成立了 Scuola della Pelletteria，一所专门培训学校，以培育新一代的皮革工匠。

14

在时尚派对中常见名门贵妇、好莱坞明星人手一个葆蝶家，王菲也是葆蝶家"编织包"的热衷者。葆蝶家以软包为主，整块的梭织皮革，并被处理得极为柔软，不用担心磨损衣服。除单纯的编织纹理，有的包打上镂空的金属铆钉，或预先在局部位置打了结，或在纵横格子加了车缝线装饰，甚至还有故意在每个格子切了一道口子，用久了就会翘起来，原来是呼应隐喻吉祥富贵的金鱼概念。

"金鱼"元素据说来自Maier在香港的旅行经验，在推出2005年春夏作品前，他游了趟香江，在香港浅水湾第一次见到金鱼，让他惊艳无比。Maier因此以金鱼鱼鳞为概念推出了两款包。另一款是以亮面漆皮与雾面的羊皮编织成略带橙橘闪色的提袋，把手与包身为一体成型，毫无接缝，整只包等于是先以一整块皮去裁剪成型，再将两块皮衔接缝制而成，相当耗材。如此考究的虔诚手法，让人从心里发出绝美钦叹。

Maier信奉"奢华是一个非常个人化的东西，与金钱无关，是一种独到的品位和独到的经验"。除了传统经典的皮包，葆蝶家在男女装市场的快速拓展也是令人眼花缭乱的。近一年的葆蝶家春夏女装，带来了20世纪40年代的衬衫裙，着重强调轮廓线条，有着看似强势但不过分坚硬的肩膀和贴合身材的剪裁，充分展现女性的曲线美态。整个系列没有一套裤装，却不显单调之味，是展示设计师Maier技高一筹的独特编排。

2013年7月1日，意大利奢侈品牌Bottega Veneta在中国市场宣布了新的中文名字——葆蝶家，意为"永葆蝴蝶梦之手工艺家"！Bottega Veneta当初打算启用之前已经在大众之间被广泛传播开来的"宝缇嘉"这一名字。但遗憾的是，当该品牌去注册时发现这一中文名已经被其他企业注册。

十名工匠一个包

葆蝶家的矜贵，来自于耗时耗工纵横交错复杂的皮革手艺。比如价超10万元人民币的Cabat，其制作流程，选用四层最顶级Nappa小羊皮，先各把两张上下黏合在一块儿，裁成条状后，再由工匠编织而成。整个工程需要十分熟练的工匠花3—4天的时间完全手工制成。编织时，以木制框架作为支撑，一体成型，整个包袋无切缝接边。在葆蝶家位于Vicenza的工厂内，必须十多名工匠同时参与才能完成一个Cabat包的编制。这些身价不凡的包，除小羊皮和鹿皮，也推出鳄鱼皮。先把一块光泽颜色毫无瑕疵的皮革，用机器按照固定间隔打出一个个洞，取另一块皮裁成条状，师傅再一格格把这条状皮革编到洞洞里头。

15

Maier还试图由标志性男士西装入手，其精致剪裁给予人庄重能干的感觉，同时兼顾现代生活的复杂性与急剧节奏，也要突显顾客的个性与特质，最终设计出一系列稳重密实，同时又活力十足的服饰。

他以学院派的"茂盛、中庸、色彩和形状"，将美学与激情融入每一个细节，辅以丰富的工作经验和奢华低调的理念，令其不仅传承了Bottega Veneta独有的美学概念和高级品质。独门的编织皮包、尊贵的家居产品，以及与St. Regis酒店合作设计的品牌标识套房，

16

17

18

都将带有他个人印记。葆蝶家品牌更专注于工艺与品质，形成影响全球高贵而低调的风潮。

上海浦江华侨城
2014十号院及中意国际两大臻品联袂首秀

华侨城集团汇近三十载深厚积淀倾注上海，于2003年始，在上海版图核心，创建上海浦江华侨城，秉承深圳华侨城成功发展模式，将一座近两平方公里的非凡创想礼献上海！

1.83平方公里的浦江华侨城，综合容积率仅约0.7，作为上海低密度生活方式

和成片综合开发模式的典范，在上海楼市中的地位与绝版性不可撼动。

如今历经十年发展，浦江华侨城已卓然成长为华侨城"现代服务业成片综合开发模式"的非凡创想，居住、社交、购物、娱乐、办公、教育、医疗等配套全面完备。其生态环境衔接便

捷交通与完备配套，将这座大型低密度滨水国际社区的繁华与优雅演绎到了巅峰极致！

2014年浦江华侨城两大旗舰作品十号院及中意国际将刷新市场对城市独栋别墅及生态办公的理解，再度领跑市场潮流。

上海后世博利好频出，地段价值日愈凸显

2013年，上海迎来建设中国（上海）自由贸易试验区的历史性机遇，国内外跨国企业掀起新一轮的对上海的投资高潮，将更高能级的大中华区总部、亚太区总部以及研发、营运、产品服务、结算等功能性中心设在上海。近期专业报告显示，上海城市综合竞争力首次超过香港位列第一。

"后世博时代"上海城市发展重心南移浦江两岸5.28平方公里土地，孕育新一轮的开发建设，各区域大手笔重新规划：文化博览区将引进世界著名连锁博物馆，如古根海姆博物馆、泰特美术馆等；城市最佳实践区有顶级创意型企业、工作室入驻；国际社区将建设高规格酒店和公寓；会展区将建成国际会展中心并引进商务总部；后滩拓展区成为城市可持续发展的预留战略空间；

而世博前滩区计划5年内建成为上海第二个"陆家嘴"，跨国公司总部的聚集地，形成以总部商务、文化传

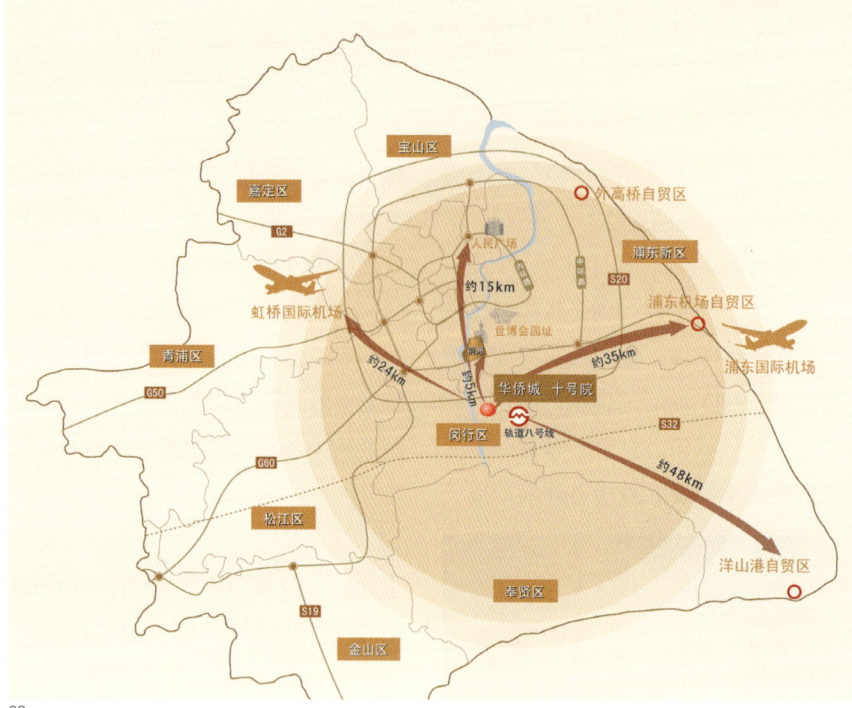

02

03

媒、运动休闲为核心，高层公寓和沿江绿地为辅的上海新一代CBD，成为带动城市功能提升和可持续发展的生态滨江发展轴，区域地段价值越来越突出。

与世博前滩区域仅约5公里距离的浦江华侨城，未来加速发展，大体量生活配套集体完备，一座拥有居住、办公、文化、购物、娱乐、休闲等多功能的综合性成片开发大作，已成为"后世博"最耀目的南上海明珠！

1.83平方公里恢弘巨制，优质生活领跑上海

依循深圳华侨城的发展经验，1.83平方公里浦江华侨城实施成片综合开发与城区运营，集约80万平米住宅、6万平米湖景、50万平米核心商业及商务办公于一体，成为难以复制的世界级低密度国际滨水社区典范，成为给人以无限生活创想的"理想之城"。

浦江华侨城由意大利格里高蒂建筑事务所卡纳第功勋爵士亲自负责总体规划，米兰、威尼斯、都灵等不同城市最富盛名的7家国际建筑师事务所的顶尖设计大师共同参与设计。先于城市干道浦星路旁修建约7米高绿城墙、24米高办公楼、30米宽河道，然后才设居住区。城区内部300x300m方格矩阵规划，为欧洲经典尺度街区，大部分住宅3-4层，少量11层观景公寓点缀其间，仅约0.7的超低综合容积率让整体格局大气磅礴。近40%的高绿化、大栋距使居住者的视野无限拓展；常见树比房高，前后花园、视野宽阔，步行景观道、绿化广场、组团绿地、小区绿地公园如星辉闪耀，一座意式花园城区卓然天成。

【华侨城·十号院】
上海城心 臻稀64席 城市纯独栋

集华侨城近三十年高尚住区开发运营之大成，铸当代上海城市独栋别墅之

典范，树浦江华侨城十年历程之价值标杆，于城区中心打造64席大师级纯独栋别墅。

十号院的出现令上海城市独栋重回市场焦点，十号院距世博前滩CBD仅约5公里范围，接轨国际的成熟配套，满足事业颠峰人士对第一居所的要求，充分感受离尘不离城的生活方式。

十号院打破以往城市独栋在空间感、风格设计、用材质量以及对人性化居住的考虑等方面的不足，从简单的财富彰显过渡到对居住者的深度关怀。户型景观用国际化的眼界、人性化的尺度及空间设计满足成功人士对生活的终极追求，考虑到家庭居住的全功能性；用超前的景观排列和公共空间打造，完美的体现出独栋别墅有天有地的归属感，

02 华侨城·十号院地理位置示意图
03 华侨城·十号院实景
04 华侨城·十号院实景

十号院深得中国传统文化精髓，南北端正，背山面水，气场通畅，令有天人合一之相谐。建筑设计集华侨城近30年高端住区开发建设之大成，堪称业界标杆，造型厚重、典雅，强调整体的比例与细部的尺度，分约650 平方米、550平方米、470 平方米、380 平方米四种住宅面积类型，另有约200-300平方米全明地下室，每户私享约500-1200平方米花园。约6米挑高客厅空间，约4.4米层高全明采光地下空间，玄关、客厅、书房、家庭室、餐厅，处处对景设计犹如一副天然景观画，从金字塔尖富豪聚居的纯粹圈层社交，到关怀无处不在的物业服务，十号院树立起上海城市纯独栋别墅的标杆。

【华侨城·中意国际广场】
上海世博前滩CBD生态化国际办公区

世博前滩国际商务区辐射范围，涵盖华侨城商务办公区、南区江月湖功能区、漕河泾浦江园区、联航路商务带，是继

04

总投资逾千亿的世博会后续开发重点区域，以高新技术电子信息产业为依托，以生物医药、环保、新能源、汽车研发为主体，并辅以现代生产性服务业聚集功能。其中，华侨城商务办公区位于前滩辐射核心区域，包括北区已建成的中意国际一期和规划中的中意国际二期高端生态办公区。

中意国际广场秉承华侨城居住与工作融合、绿色生态与商务办公结合的理念，不仅拥有约6万平米生态湖泊，也有大片绿地、绿坡公园、景观步道围绕；更有郊野公园、森林公馆与高尔夫球场办公环境氛围的一脉呼应，加之大型商业O'mall、无墙艺术博

物馆等全系配套，带来了全方位的绿色生态办公体验。

中意国际以约108-650平方米灵动空间，从大中小不同企业发展的商务需求出发，引领国际化办公潮流。无论是从建筑本身包括立面、空间的精心设计；三级绿化，多层次景观布局的创意营造；还是以五星级标准定制公共空间、办公空间；特别定制的休憩等候厅、贵宾会见厅、视频会议厅、商务会议厅等不同规格商务服务；每一个细节都凝聚着对健康绿色生态办公环境的深度思考。

上海版图中心 城市中轴之上

浦江华侨城紧邻轨交8号线浦江镇站，可以通过地铁迅速融入繁华都市；更有中环、徐浦大桥、卢浦大桥和闵浦大桥联动人民广场、淮海路商圈，使上海最具时尚气息的顶尖商圈与这座花园城区迅速对接。浦江华侨城相距人民广场15公里、相距世博园区7公里、距离东方体育中心、前滩5公里，通过三桥（卢浦大桥、徐浦大桥、闵浦大桥）、三隧道（上中路隧道、耀华路隧道、打浦路隧道）、三快速干道（中环线、S20、S32）转瞬间轻松到达上海任何地方。

国际级成熟配套，已然呈现

浦江华侨城经过10年营建，教育、医疗、购物、休闲娱乐等生活配套精彩纷呈，将一站式生活完满兑现。玉满

06

07

05

浦江华侨城十年公共艺术计划，无墙艺术博物馆

华侨城开创"浦江华侨城十年公共艺术计划"，通过每年举办一项具有代表性的中外艺术家的大型个展，收藏一至两件具有代表性的空间雕塑永久安放在城区内，与城市同步创造具有中国水准的公共艺术景观：2007年"点穴·隋建国艺术展"；2008年"征兆·汪建伟大型剧场展"；2009年"对视·林天苗艺术展"；2010年"中园·谷文达系列书法园林展"；2011年"无所遁形：刘建华&爱德文·斯瓦克曼对话展"、2012年"冷战美学·王广义艺术展"、2013年"重要的不是合同·徐震艺术展"……"浦江华侨城十年公共艺术计划"以其持续性和规模化而日益成为一个公共文化标识，传承华侨城基因，致力于将公共艺术融入成片综合开发运营，使艺术、社区、公众融为一体，创造一个超越物质的精神家园、创想具有特色的华侨城生活方式。历经多年，浦江华侨城已成为一个永不落幕的"无墙艺术博物馆"。

城餐厅、浦江珍味馆等各色餐饮；易初莲花、都灵广场、世纪联华、沃尔玛广场等众多生活便利广场；电影艺术学院、世界顶级名校惠灵顿公学（在建）、浦江第一中心小学、向明中学浦江分校、协和海富幼儿园、中福会幼儿园（在建）等环伺族拥；仁济医院浦江分院、五官科医院（在建中）、新加坡莱弗士国际医院（在建）等医疗配套完备；美格菲健身会所、南公馆高尔夫练习场、网球场一应俱全……

大型时尚滨水商业中心O'mall，上海潮流新地标

浦江华侨城颠覆传统商业模式，缔造

大型时尚滨水商业中心，包含购物中心、休闲娱乐中心、会议商务中心、生态办公中心四大区域，将国际高端商业吸纳其中，开启南上海繁华生活。其中，约8.6万平米的O'mall华侨城商业中心已于2013年12月盛大试业。O'mall将水岸景观、时尚购物、艺术气息、人文分享融汇一体，家乐福上海全新旗舰店、南上海首座五星级太禾影城、必胜客、肯德基、屈臣氏、棒约翰、赛百味、满记甜品等纷纷抢驻，全方位满足城市生活需求，带来一站式的休闲体验。家乐福旗舰店已于2013年12月31日隆重开业，为浦江华侨城国际化社区再添灵动鲜活、质感十足的潮流元素与生活气息。

物

About The Species

物种记

推动绿色经济，传播绿色文化

文 / 若兰

华会所基金会举办一周年绿色公益系列活动

浑浊的空气、污染的水源、逐年加重的荒漠化和水土流失，种种现象让我们看到当今中国的环境的现状已经走到了临界点。经济的逐日发展污染着环境，这意味着中国经济增长的模式必须要改变。绿色经济和环境保护和我们每个人息息相关。

华会所生态环保基金会在成立一周年之际，举办了绿色经济论坛和绿色公益拍卖活动，同时与国际生态发展联盟战略合作，举行签约仪式，加强在世界范围内生态环保活动的合作。

11月16日下午，华·绿色经济论坛在OCT创意展示中心举行。国际生态发展联盟执行理事长David Ness（澳大利亚），世界自然基金会（瑞士）北京代表处总裁卢思骋，华会所荣誉理事、香港永隆银行董事长、招商银行原行长马蔚华，华会所理事、万科集团总裁郁亮等知名生态环保领域的专家与财经界领袖作为演讲嘉宾，与凤凰卫视《财经正前方》主持人刘芳一起，就当今"中国绿色经济的发展" 讲述绿色经济未来发展的前景以及如何理解绿色经济的概念。

论坛上，David Ness主要围绕以碳排放交易体系推动绿色经济发展，卢思骋就资源与财富、生产与消费等问题，马蔚华就绿色金融主题，郁亮就健康人生的话题分别进行了阐述。随后，华会所基金会与国际生态发展联盟举行了签约仪式，双方决定今后加强在世界范围内生态环保活动的合作，在推动绿色经济发展，国际生态教育项目领域协作共进。

当天晚上，华会所绿色风尚公益晚会在华侨城大酒店举行，包括华会所荣誉理事、理事，华会所会员以及嘉宾共有三百多人参加了晚会。晚会现场颁发了公益风云人物奖和公益认捐及捐赠奖等奖项，以表彰相关理事及会员在公益等相关领域作出的突出贡献。

公益拍卖是本次晚会的重点环节，得到了会员的热烈响应。活动筹备组收到多位会员及艺术家无偿捐赠私人珍藏拍品的申请，经严格甄选之后，确定了13件极具收藏价值的拍品用于现场竞价拍卖，其中包含李娜、莎娃亲笔签名网球拍，红运当头石，刘小东、严培明画作等拍品。晚会共为华会所生态环保基金会竞得善款308.8万元人民币。

华会所基金会与国际生态发展联盟签约

绿色风尚公益晚会现场颁发特殊贡献奖

左起为荣誉理事任克雷、理事万捷

左起为华会所理事刘平春、胡厚崑

左起为华会所荣誉理事王顺生、刘泽彭

华会所理事徐少春拍得荣誉理事李娜捐赠的网球拍，嘉宾张国立为拍卖主持人

华会所团队在华会所基金会一周年活动上表演

华会所理事严培明捐赠画作《毛泽东》由曾李青拍得

华会所阅读委员会在华会所基金会一周年活动上演出

左起为荣誉理事马蔚华、理事侯松容

左起为荣誉理事李荣融、贺平

左起为华会所荣誉理事陈洪生、袁伟民

华会所艺术委员会在华会所基金会一周年活动上表演

华会所基金会一周年活动现场颁发绿色风尚奖

中国的可再生能源调查

文 / Dr. David Ness

在2013年华基金年度绿色论坛上，国际生态发展联盟执行理事长、南澳大利亚大学教授Dr. David Ness先生，以绿色经济发展模式为主题做演讲。下文摘录了部分演讲内容。

联合国环境规划署对绿色经济的定义是：从长期来看，绿色经济将能够改善人们的生活水平，减少社会不平等的现象；同时它还将会缓解环境危险和生态稀缺的现象。我们要通过平等、公平的方式发展绿色经济，和自然和谐共处。我曾经看到过关于绿色经济的研究案例：瑞典将有机农业废物和城市垃圾重新再利用，生成生物燃料，生物燃料可以为交通工具所利用。

国际生态发展联盟出版了一本书《中国的可再生能源》，里面也包含了很不错的绿色经济的案例。作为西方国家的代表，我们认为在中国，绿色、低碳方面的发展方面，社会公平并没有得到应有的重视。中国社会比较强调民生，我想提出绿色公平经济这个概念，这个概念和提倡社会主义生态文明异曲同工。

为此，我们认为有五大价值应该被重视。第一个是提升社会福利，不仅仅是小部分人，而是全民的社会福利，希望能够给他们带来更好的工作机会、教育机会、健康状况以及自尊。

第二个就是适量的财富，并不是过多的物质财富，而是其他形式的财富。同时我们要避免贪婪以及浪费的现象。

第三个是平等，也就是说我们的财富要进行公平分配，以此达到社会公平，让所有的人都能够享受到社会发展、社会进步的成果。

最后两个价值观就是尊重他人与崇尚自然。我们尊重他人的文化、他人的信仰；我们崇尚自然，珍惜地球上的稀有资源。

国际生态发展联盟执行理事长、南澳大利亚大学教授Dr. David Ness在演讲

用一句话总结就是我们要心怀善意，关心他人，要爱护地球。我们现在必须要携起手来做更多的慈善活动，因为我们的城乡之间还存在着不平等的差距，中国城乡之间的生活质量以及收入差距太过巨大。在成都举办的亚洲教育论坛上很多学者都意识到了这样的问题。在中国有8000万的留守儿童，他们的父母在城市工作，而孩子留在了家里，这是对社会非常巨大的挑战。因为当地的留守儿童会有很多问题，比如精神疾病、行为问题，或者是青少年犯罪，所以我们必须重视农村的发展，这也是绿色经济发展中的一个部分。我们知道如果农村能够享受到类似城市的服务和机会，这样的话留守儿童的父母就可以留在农村，而不需要到城市工作，同时家庭也不会出现支离破碎的情况。

我们怎么样才能够以环保的方式缩小城乡发展差距呢？我想绿色经济和排放贸易体系可以帮助中国的农村地区。中国林业产权转换的贸易体系可以帮我们不断地提升农村地区的收入，不断地保证城市之间的碳交易。中国现在已经有一个将林业产权转向农业社区的方案。去年我到了中国的华东地区拜访过华东林业产权交易所。这个金融机制不仅能够帮助我们认可森林生态，还有生物多样性的价值，同时能够不断地缩小城乡之间的差距，帮助农民富裕起来。同时华东林业产权交易所也在做碳交易的试点，希望可以通过中国的绿色碳基金来获得相关的碳信用额。

在深圳也有碳交易的试点，2013年6月这个试点刚刚开始，这可以帮助我们将碳排放进行买卖。我的一位同事写了一本书叫《碳金融与业务创新》，这本书中就充分研究了森林的碳如何帮助资本回到农村地区，比如在贫瘠的土地上种树，不断地提高当地的土地价值；如何不断地提升这些土地的净产值，将更多的资本回流到农村地区。在农村地区进行碳种植园的搭建是非常有益的。

我的另外一位同事王安国先生在林安建立了一片广阔的竹园，这片竹子园能够为当地的农民服务，同时用非常友好的方式提高农民的生活质量，我最近也进行了实地考察。我们希望能够通过竹子获得相关的碳信用额，特别是通过竹笋、通过竹叶进行包装等等。这样的产品因为价值比较高，就可以帮助当地的农民提高生活质量和收入，同时也对当地的经济起到非常好的作用。

控制城市中心的碳排放是双赢的措施。中国也在不断地推进碳排放交易体系，特别是从中国西部慢慢推进到了深圳。中国的西部经济发展相对比较落后，我们在当地需要投入更多的资源，帮助当地的农民摆脱贫困。

我们应该要不断地发展创新型企业，在深圳这样的城市，可以通过不断地促进社会企业家和环保企业家在各方面的投资，希望他们能够在中国的农村地区加强建厂，进行相关的商贸活动。通过这样的商贸活动来推动农村地区的经济发展，带动当地农民收入的提高。

综上所述，第一是要不断地促进生态价值提升，特别是通过社会媒体进行相关的推广活动；第二是我们要不断地加强深圳碳交易的体系，确保深圳城市工业、交通等碳排放可以均衡交易；第三是要不断地促进社会企业家的责任和社会企业的发展。最后我要提出自己的几点意见：如何在公共交通体系降低碳排放呢？其实在2007年的时候，欢乐海岸，还有华侨城就进行了自行车环保活动，通过这样的活动推广，不断地帮助降低深圳的碳排放；同时我们也进行相关的再生能源项目，特别是华侨城相关的酒店、会所等，不断地推广环保的运营方式。深圳的阳光非常充足，我们要充分利用太阳能和其他的可再生能源。通过太阳能建立起相关的能源释放体系，能够帮助城市住宅的运营。

一个地球的视角

文 / 卢思骋

世界自然基金会北京代表处CEO卢思骋在演讲

在2013年华基金绿色论坛上，世界自然基金会北京代表处CEO卢思骋先生以"资源与财富、生产与消费"为主题做演讲，下文是部分摘要内容。

我们的生活、消费其实都是有代价、有成本的，国际环保工作很多时候给大家一种印象，我们是保护野生动物，保护稀缺物种，保护熊猫、老虎等。我们最初的想法是把它们的生存地保护下来，到后来我们意识到它们的栖息地受到破坏的原因与人们的生产和生活方式密不可分。为什么森林会被破坏？我们需要更多的土地种植大豆、棉花等。我们每天的生活、消费其实直接导致这些野生动物的栖息地受影响。

其实环境保护这个概念有点落后了，环境保护的概念是把人从自然脱离出来，从外面去保护它。我们应该寻找新时代符合国情的生态保护的理念。人和生态是密不可分的，人其实是生态系统里面的一个环节。保护生态其实是为了我们自己，也是为了这个系统。

绿色论坛报告插图：一个地球的视角

绿色论坛报告插图：中国脆弱的生态

中国的生态系统是非常脆弱的，作为人口大国，人均淡水资源、人均森林资源、人均耕地资源都是在全球平均水平以下。世界自然基金会从几年前开始在全球范围内推出一个新的概念，叫生态足迹。生态足迹这个概念是说我们国家或者社区或者某一种商品，它的生产、运输、消费整个生命周期都有它的足迹，它都是消耗了一些天然资源的。比如每扔掉一个烂苹果，我们等于耗费了抽水马桶抽四次的水，同样的道理也适用于大豆、棉花、木材、纸张。我们每天所用的所有商品其实是直接或者间接地占用了自然资源。

我们现在的生产和生活方式，我们所占用的自然资源已经超出了生态系统可以承载的能力，已经过了生态的临界点。中国科学院动物研究所做的大型物种历史数量变化的比较图显示，主要的物种都在很快地减少。只有几种物种有上升的趋势。在西南这边的是亚洲象；在四川是大熊猫，我们刚开始做这个工作的时候野外熊猫的数字是在1000头左右，目前普查的数据是6000头左右；在俄罗斯边境的是东北虎，大家可能觉得熊猫是中国最濒危的动物，其实不是的。东北虎全球只有450头，其中只

有20头在中国境内。其实最濒危的物种是东北豹，在全球只有50多头，有20头在中国。也是在上一周，我们的摄像头拍到有一头新的东北豹，还有它的两个孩子。这说明，只要大家努力的话，这个数字是可以往上升的。和华会所基金会合作的湿地保育，是希望鸟类可以在数量上有所增加。

自然灾害给人类社会带来的破坏是巨大的。气候变化95%是人为造成的。现在对于全球的物种，最大的影响因素就是气候变化。上图显示全球消费的生态足迹已经超过了地球的承载能力。我们现在继续这样下去的话，最起码需要1.5个地球才能满足所有人的需求。而且中国的经济总量在发展，中国人的生活水平也在提高，未来20年将有3.5亿至4亿的人口城镇化。我们到底有多少个地球来满足这种无止境的追求呢？

我们可以做什么呢？生态保护的工作非常重要，但更重要的是我们现在不可能回到原始社会，我们还需要用纸，但是我们可以减少；我们还需要吃饭，但我们可以吃得更聪明，更有绿色选择的概念。世界自然基金会在

在很多商品当中，中国的环境保护是非常重要的环节，做得比较成功的有纸张、木材、大豆、三文鱼、虾这些品种

中国跟各行业一起合作，推出经讨认证的，在生产、运输、消费环节中更注重对自然资源的消耗、环境保护等理念所产生出来的产品。大家比较熟悉的是木材和纸张上所采用的标准叫FSC，森林管理委员会的认证，保证纸张的原材料是没有破坏原始森林所得到的。类似于这样的认证还有很多，海洋管理委员会，这在中国是比较新的，但很多海产其实都需要有这样的认证，确保在捕捞或者养殖的过程中保证尽量减少对环境的破坏。

中国由于经济的发展在全球贸易当中越来越重要，在很多商品当中，中国的环境保护是非常重要的环节，做得比较成功的有纸张、木材、大豆、三文鱼、虾这些品种。

我们如何扭转环境破坏的趋势，改变的出路在哪里？首先我们要保护已经受到威胁而留下来的最后的天然资源，更重要的是在全球范围内改变我们的生产方式，改变我们的消费行为，引导金融资金的流向。要将资金注入符合生态文明原则的项目，而不是流向污染空气、破坏森林、污染海洋的这些企业去。

最后如何能够确保这些生产方式、消费方式和金融流向往正面积极的方向走；这个治理机制如何通过政府的统筹、企业的参与，以及公民社会NGO组织一起努力合作，共同达成这几方面根本性的改变是我们必须认真考虑的问题。只有这样，我们才有机会留下一个还有熊猫、老虎，还有东北豹的世界，一个不受气候变化威胁，不会发生像菲律宾台风这样的灾害的世界。这是我们对未来的责任，也是我们的唯一选择。

华会所基金会首次跨界合作完美收官

文 / 张琳

11月的深圳仍然沐浴在灿烂的阳光中。11月30日，由深圳欢乐海岸和深圳市华会所生态环保基金会共同举办的"2013中国梦的使者——寻找中国最美滨海湿地守护者"活动颁奖典礼在深圳华侨城欢乐海岸创意展示中心内隆重举行。国家相关部委领导，深圳市相关领导，华侨城集团、欢乐海岸、深圳市华会所基金会的领导，以及生态、文化界领域的专家学者们共同出席了此次盛典。活动从准备阶段到启动仪式，最后完美收官，历时近半年，这是2013年度公益界的一场盛会，是深圳欢乐海岸献礼华侨城集团28周年的公益创举，更是深圳市华会所生态环保基金会在环保之路上的一个重要里程碑。

坚持梦想　守护家园

"发现之旅"团队由6名具有资深公益经验的优秀志愿者组成，带着发现"最美"的眼睛，走进六个极具代表性的自然保护区和湿地，真实记录滨海湿地的现状及湿地守护者的感人事迹。在历时两个半月，行程超过10万公里的寻访之路中，他们找到了辽宁省庄河黑脸琵鹭市级自然保护区守护者周海翔、天津市滨海新区北大港湿地守护者王建民、山东省威海荣成天鹅湖守护者袁学顺、上海市崇明东滩保护区守护者金伟国、福建省闽江河口湿地国家自然保护区守护者杨渭平和广东深圳华侨城湿地保护区守护者谭凤仪这六位默默无私奉献的环保公益人士，授予他们"中国最美滨海湿地守护者"荣誉称号。

享有"野生鸟类拍摄第一人"称号的周海翔说："生命的宽厚，从来都是以另一种形式滋养我们，比如鸟的歌唱，比如飞翔的渴望"；土生土长的天津摄影家王建民用他的"观鸟日记"唤起了无数人对滨海湿地和鸟儿的守护与热爱；守护天鹅30余年的"痴人"袁学顺告诉我们，他要竭尽所能让天鹅们都能留在荣成；精通"鸟语"的金伟国从捕鸟到护鸟，成为一名专业的鸟类环保研究及保护工作者；还有坚守福建闽江河口湿地的杨渭平、多年密切关注滨海湿地的可持续发展的谭凤仪都一一在颁奖典礼上分享了他们的故事。

"中国最美滨海湿地守护者"称号获得者——杨渭平　　"中国最美滨海湿地守护者"称号获得者——袁学顺　　"中国最美滨海湿地守护者"称号获得者——谭凤仪

国家海洋局为欢乐海岸授牌，成为全国海洋意识教育基地　　欢乐海岸被授牌成为北京大学汇丰商学院绿色经济研究中心科研教学基地

环保之路的艰辛并没有止住他们前进的步伐，他们矢志不渝地坚守在中国滨海湿地的第一线，默默捍卫着滨海湿地的生存机会，悉心呵护那里的万物生灵。

中国美丽的滨海湿地也正是因为有了他们，才得以顽强存活在地球家园中。他们的忘我精神感动了在场的每一位。

携手前进　共圆美梦

"公益随手拍"是本次活动的另一个重要参与环节，以线上发布微博的方式让广大民众加入到本次生态公益活动中来，随手拍下身边的滨海湿地守护者，分享他们的故事，唤起社会各界对滨海湿地的关注与保护。活动为李娜、赵利刚、王腾三位获奖者颁发了获奖证书。

活动的形象使者——"金马奖影后"秦海璐很遗憾没有来到现场，但她特别为颁奖典礼录制了一段视频，送上寄语，倡导大家保护湿地应从身边做起，从自己做起。

这场耗时近两个半月、行程10万公里的盛事，为我们发掘了200余位滨海湿地的守护者、千人环保志愿者和两千万余人环保大众参与联动，拍摄湿地守护者工作视频1000多小时，参与报道的媒体已超过200家，湿地保护知识在网络上的转载超过30万条。"2013中国梦的使者——寻找中国最美滨海湿地守护者"成为2013年度中国公益领域代表性事件及热议话题。

传播绿色正能量，共创美好家园。深圳市华会所生态环保基金会和欢乐海岸作为本次公益盛事的主办方，在华侨城28年来环保与生态文明传播的精英理念领导下，致力于传播绿色文明，推动生态建设和环境保护，希望通过这场盛事让更多人来关注滨海湿地的保护，联合各方力量，唤起人们对环保事业的理解与支持。在未来的日子里，华会所基金会更将义无反顾地推动生态公益事业的发展，与社会各界环保人士一起为中国生态环保建设贡献力量。

图像档案：

听取蛙声一片

生态环境最佳指示生物：两栖纲动物

文/王英永（中山大学生物博物馆）、杨剑焕（嘉道理农场暨植物园）

01 稻田里正在鸣唱的中国雨蛙 *Hyla chinensis*　　摄影 / 杜卿

两栖纲动物是陆生脊椎动物中最原始的类群，除部分种类终生生活在水中外，大部分种类都已离水上陆生活。身体结构和机能还不完善，尤其是后肢对身体的支撑能力的不足，导致上陆的两栖纲动物运动方式简单，只能笨拙地爬行或跳跃，扩散迁移的能力极弱；另一方面，由于还没有解决在陆地上的繁殖问题，上陆的两栖纲动物还必须回到水中繁殖，在水中进行体外受精（只有极少数体内受精），受精卵、胚胎和幼体（蝌蚪）在水中生长发育，幼体（蝌蚪）用鳃呼吸，通常在完成变态后上陆生活。陆生阶段的两栖纲动物身体皮肤结构简单，角质化程度很低，通透性很高，保存体内水分的能力极差，因此，只能生活在水源附近或潮湿环境，并且主要在夜晚出来活动，以减少因干燥、光照和灼热所引起的体内水分蒸发。可见，两栖纲动物是高度依赖特定环境尤其是水环境的类群。水资源的丰富程度决定了其种群的大小，水质好坏更会直接影响其能否受精、受精卵和胚胎能否正常发育。

在自然坏境中，两栖动物处于整个生态系统食物链的中段。一方面，两栖动物是某些夜行性动物的食物；另一方面，两栖类动物的食物主要是昆虫等无脊椎动物或小型水生脊椎动物（如鱼类、蝌蚪）。两栖类动物这种在食物链中承上启下的功能，对于维持生态系统的平衡起到至关重要的作用。

02 在海南热带雨林中，一只赤爷狼蛛
Dolomedes saganus 正在捕食一只背条跳树蛙
Chiromantis doriae　摄影／杨剑焕

03 海南热带雨林山溪里一只溪蟹正在捕食鸭嘴臭蛙的卵
摄影／杨剑焕

04 南亚热带丛林中一只黑眶蟾蜍 *Duttaphrynus melanostictus* 在地面落叶层费力地吞食一条大蚯蚓　摄影／赵健

因此，通过一个环境里两栖动物的多少，可以判断该环境水资源的优劣，可以判断森林的涵养能力，可以判断农田生态系统使用农药的程度，进而判断生态系统是否健康。所以说两栖纲动物是评价自然生态环境优劣的最佳指示生物！

正因为两栖纲动物具有对环境的高度依赖，自身抵御和规避威胁的能力很弱等特点，现已成为自然界中最为脆弱的陆生脊椎动物类群。在过去的20年时间里，全球已知的两栖动物中，39.1%被国际自然保护联盟（IUCN）列为受胁物种（Threatened species），远远大于鸟类的12%和哺乳动物的21%。而这种威胁主要来自于栖息地的破碎化、减少甚至丧失，化学除草剂和农药的广泛使用，甚至冬季撒盐除雪防滑，亦会对两栖纲动物造成威胁，因为随着冰雪融化，雪水会把溶解的盐带到河流、山溪、沼泽、农田，使局部的水环境盐浓度升高，进而影响到两栖纲动物的存活以及受精卵和胚胎发育。

保护两栖纲动物迫在眉睫。如果我们不减少农药和化学除草剂的使用，我们不去有计划地保护我们的自然生态环境和两栖动物的栖息地，如果我们不行动，"稻花香里说丰年，听取蛙声一片"的情景，或许将成为一个永远的传说。

由于鸟类和哺乳动物受到长期的高度关注，其保育行动已在全球范围内广泛开展，为此设立了大量的国家公园、自然保护区等自然保护地和保护机构，并投入了大量的人力、物力和

05 红色预警：两栖纲动物面临着前所未有的来自人类的威胁！　　　摄影／杜卿、林石狮

财力。与此相比，两栖纲动物由于个体较小、生活隐蔽，历来被人们所忽略。究其原因，是各级政府和管理机构缺乏生态整体性意识，也源于人们对这类动物缺乏了解。实际上，两栖纲动物是一个隐秘、神奇而有趣的动物类群，对其进行准确的分类、识别，了解其生活各个阶段的特点和对环境需求，确定其种群、分布和受胁因素，正确评估其濒危程度和种群发展趋势，进而制定有针对性的科学保护措施，是当前最常规的、也是最有效的保育途径之一。

两栖纲组成

什么样的动物属于两栖纲动物呢？可能很多人会说"顾名思义，两栖纲动物就是既能在水中生活又能在陆上生活的动物"。显然，这样的回答是错误的！两栖纲动物是指那些繁殖发育在水中进行，用鳃呼吸，经变态后到陆地上生活或主要在水中生活，用肺呼吸的动物类群。海豹既能在水中生活，又能在陆地生活，但它们的繁殖不依赖水环境，而是体内受精，受精卵和胚胎都在母体内发育，胚胎呼吸依靠的是母体胎盘中的尿囊，因此海豹不是两栖纲动物，而是哺乳动物；海龟既能在水中生活，又能在陆地生活，但它们体内受精，陆地产卵繁殖，胚胎呼吸依靠的是羊膜卵内的尿囊，因此也不属于两栖纲动物，而是属于爬行纲动物。

目前，全世界已知的两栖纲动物共计7044种。根据四肢以及尾巴的有无，可以分为三大类群，即分为3个目。

蚓螈目，也称无足目，四肢完全退化。无尾或有短尾。身体蚯蚓状，有环褶，环褶间有真皮骨质小鳞，是唯一有鳞的两栖纲动物，这些小鳞与古两栖动物迷齿类 Labyrinthodontia 的某些种类体侧和腹面的小鳞是同源器官，显示出其原始性。繁殖方式是体内受精，卵生或卵胎生，幼体在水中生活，变态后上陆穴居。全球目前已知有192种。

版纳鱼螈 *Ichthyophis bannanicus* 是我国已知的唯一一种蚓螈目动物，分布在云南西双版纳，广西十万大山、六万大山和两广交界的云开山脉。成年雌性比雄性稍大，一般全长在35—41 cm之间。无四肢，尾极短。身体有环褶，每一环褶间有小鳞。体背棕黑，体侧具一黄色纵带纹。适应于穴居生活，眼睛很小，蓝黑色。版纳鱼螈栖息于溪流、小河及附近水坑、池塘、水田边的土洞内。通常以头在泥里钻洞，形成互相连通的网状洞道，有数个洞口。雌性产卵于洞穴内，有护卵行为。胚胎期有外鳃，孵化后即为幼体，外鳃被吸收，只残留鳃裂。在水中游泳生活，有时游至水面呼吸空气。成体后离水上陆，穴居生活。幼体以藻类等浮游生物为食，成体只捕食蚯蚓。

06 版纳鱼螈 *Ichthyophis bannanicus* 的亚成年个体，尚处于游泳阶段
摄影 / 杜卿

有尾目，有尾巴和四肢（少数种类只有前肢）。该目的繁殖方式在有些种类是体外受精，但大多数种类是体内受精，其受精方式是雄性将精囊产于水中，雌性用后脚将精囊送进自己的泄殖腔内贮存，在此完成受精。多数种类将受精卵排出，黏附在水中的岩石或水生植物上，但也有物种的受精卵在母体发育，至幼体时排出体外，继续发育。全球目前已知有652种。

香港瘰螈 *Paramesotriton hongkongensis* 最早发现于香港的山溪中，并因此命名。过去一直被认为是香港特有动物，香港特区政府将其列为重点保护野生动物。近年，在深圳、东莞、惠州等地陆续发现了香港瘰螈，而且在深圳梧桐山、七娘山以及东莞银瓶山等地种群数量十分庞大，三地种群合计应该超过1万只。

07 深圳七娘山的香港瘰螈 *Paramesotriton hongkongensis*　　摄影／赵健

08 在深圳大鹏半岛的山溪中，约50只怀有受精卵的香港瘰螈群聚于石菖蒲的叶子上，争夺有限的产卵资源。不同时间产出的受精卵夹于两片草叶之间，颜色明显不同　　拍摄／赵健

09 即将孵化的受精卵，隐约可见胚胎的雏形　　拍摄／王晓兰

香港瘰螈的繁殖季节主要是在比较温凉且干燥少雨的9月至来年4月。5—8月，在香港和深圳是炎热多雨季节，山溪暴涨，水流湍急，此时，香港瘰螈离开溪流而钻入林下土壤或石缝中。8月底开始，大量的香港瘰螈结束了长达3个月的蛰伏，由陆地爬回溪流。每年9月，在深圳大鹏半岛，常常能见到成群结队的香港瘰螈在山区道路上爬行，其中不少被过往车辆碾压致死。繁殖期的香港瘰螈通常栖息在多岩石的山溪中，溪水流速缓慢，清澈见底，同时溪边要有一定数量的水草，最常见的水草是石菖蒲。通常，香港瘰螈白天潜伏于溪底岩石下，偶尔游至水面呼吸，夜晚出来活动。食物包括山溪内水生昆虫、螺、小虾、小鱼、蝌蚪等动物。

香港瘰螈的繁殖方式是体内受精，体外发育。通常种群内雌性远多于雄性。雄性将含有成熟精子的精囊产于水中，雌性用后肢将精囊纳于自己的泄殖腔内，在此完成受精。怀有受精卵的雌螈将受精卵产于水中植物的叶子上。受精卵排列成行，夹于两片草叶之间，受精卵外有胶膜，富有黏性，将两片草叶粘连起来。受精卵经3—6个星期即可孵化出幼体，幼体经两个月完成变态，3年后性成熟。

无尾目，为蛙形动物，有四肢而没有尾巴。繁殖方式均为体外受精，体外发育，经变态后上陆生活。该目所包含的种类最为繁多，也最为常见，全世界目前已知的无尾目两栖纲动物约有6200种。

无尾目动物包括我们熟知的蟾类（toads）和蛙类（frogs），前者包括铃蟾类、角蟾类、蟾蜍类和雨蛙类（台湾称之为树蟾，体型小，善攀爬）；后者包括分布于我国的林蛙、水蛙、臭蛙、湍蛙等蛙科动物，陆蛙、棘蛙、大头蛙等叉舌蛙科动物，以及浮蛙科、树蛙科和姬蛙科等动物。

10 铃蟾科 东方铃蟾 *Bombina orientalis* 没有鼓膜和耳柱骨，雄性没有声囊，却完全不会影响其求偶和繁殖。广泛分布于黑龙江到江苏连云港900米以下山区，常见于水坑、山区农田附近　摄影／王英永

11 角蟾科 短腿蟾 *Brachytarsophrys* sp.，瞳孔直立，上眼睑有圆锥形角状突出。该蟾栖息于山溪中，叫声非常响亮　拍摄／杨剑焕

12 角蟾科 三角枯叶角蟾 *Megophrys nasuta*，分布于婆罗洲、苏门答腊岛和马来半岛。其体色与怪异的"角"让它看起来就像地上的一片枯叶，很好地隐藏了自己并迷惑天敌　摄影/杨剑焕

13 蟾蜍科 中华大蟾蜍 *Bufo gargarizans*，有明显的耳后腺，繁殖期皮肤变得光滑　拍摄/杨剑焕

14 蛙科 台北纤蛙 *Hylarana taipehensis* 体型匀称而纤细，深受广大摄影爱好者的喜爱。该蛙主要生活在水田、池塘等环境，农药和除草剂对其危害极大　摄影/王英永

15 蛙科 务川臭蛙 *Odorrana wuchuanensis* 只栖息于喀斯特溶洞中，这种特殊的环境需求使其分布区非常狭小。近年来随着人们溶洞取水力度的加大以及不断扩张的溶洞旅游，使其种群处于极度濒危状态　摄影/王英永

16 蛙科 华南湍蛙 *Amolops ricketti* 是最适应山溪生活的蛙类，它们指趾端发达的吸盘使其能很好地吸附在激流中的岩石上，而不会被湍急溪流冲走；另外，依靠吸盘的吸力，华南湍蛙还能爬到树上。笔者在广西大瑶山曾见到一只华南湍蛙在大雨过后、溪水暴涨时爬到距离地面五六米的大树横枝上。脚趾间发达的蹼使它们具有较强的游泳能力　摄影/杜卿

17 叉舌蛙科 海陆蛙 *Fejervarya cancrivora*，蛙类由于皮肤具有高通透性，保水能力很弱，一般只生活在淡水环境。海陆蛙是世界上唯一能生活在咸水中的蛙类。该蛙在我国仅见于海南、广东湛江至广西防城海岸边以及台湾等地的咸水和咸淡水区域，一般远离海水不会超过100米，如红树林湿地。食物以蟹类为主，也捕食小鱼、虾类和螺类，因此也被称作"食蟹蛙"　摄影/李玉龙

18 树蛙科 斑腿泛树蛙 *Polypedates leucomystax* 是最常见的树蛙，它的指趾端也有吸盘，但比湍蛙的吸盘小得多，趾间蹼较小，因此斑腿泛树蛙尽管游泳的能力很一般，却是攀爬的高手，它们可以在垂直的墙壁上以跳跃形式向上攀爬至6层楼　摄影/李玉龙

19 树蛙科 红吸盘棱皮树蛙 *Theloderma rhododiscus* 体型非常小，头体全长不到3厘米。皮肤粗糙起棱，眼大，吸盘猩红色，极易识别。由于体小，在野外不易被发现，通常要顺着它们的独特叫声才可以找到它们。树洞产卵，蝌蚪也在树洞中发育，直至完成变态　摄影/杨剑焕

蛙蟾类的繁殖与发育

蛙蟾类均为卵生，通常雌蛙和雄蛙把卵和精子产于水中，在水中受精，受精卵在水中发育，变态后上陆生活。由于水尤其是流水会降低受精的概率，因此，它们通常是通过求偶行为，完成雌雄配对，配对的形式是雄蛙在后背抱住雌蛙（即抱对），然后雌蛙背负雄蛙到合适的产卵场所产卵，雄蛙同时产出精子，以此来增加卵的受精几率。

在自然界中，雄蛙一般通过鸣叫唤来雌蛙以完成抱对。雄蛙的鸣声一方面是向雌蛙传达自己的讯息，另一方面也是向其他的雄蛙宣告自己的存在和领地。蛙类没有像人类一样的声带，也没有像鸟类发声的鸣管器官，它们是靠声囊来发声的。鸣叫时声囊胀起如气球，其大小有时几乎等同于蛙的身体。有些蛙只有单个声囊，位于口底，有些蛙有两个声囊，位于下颌口角。

繁殖的第二步是完成雌性配对，通常以抱对形式呈现。大多数蛙类雌蛙的体形大于雄蛙，这可能有利于雌蛙背负雄蛙运动更远的距离或攀爬上树。因此，一般在湍急溪流内繁殖和在树上繁殖的蛙类雌性体型都显著大于雄蛙。而在静水繁殖的蛙类，雌蛙的体形稍大于雄蛙或二者几乎同等大小。但在个别种类，雄蛙体形明显比雌蛙大，这种情况多发生在小水坑静水繁殖的蛙类身上，此时，雌蛙不需要背负雄蛙运动。同时，雄蛙较大的体形更有利于占领有限的繁殖场所，也更容易获得雌蛙的青睐。

20 单声囊的挂墩角蟾 *Xenophrys kuatunensis* 鸣叫时，鼓起的声囊大小几乎等同于其身体　摄影/杨剑焕

21 双声囊的崇安湍蛙 *Amolops chuanganensis*，它的鸣声不仅在呼唤雌性，也是在宣示自己的领地　摄影/杨剑焕

22 正在抱对的圆舌浮蛙 *Occidozyga martensii* 属浮蛙科蛙类，身体短胖敦实，雄蛙的体形明显小于雌蛙。该蛙主要生活在长满杂草的稻田边或山区小水坑。其栖地常常遭到当地居民损毁，农田等环境更会受到农药和除草剂的毒害，因此，在人口密集的地区，现在已经很难发现它们的踪迹　摄影/王英永

23 正在抱对产卵的斑腿泛树蛙。繁殖季节雌蛙经常需要背负雄蛙爬到大树树枝的末端，完成产卵并生成泡沫状白色卵袋挂在树枝的末端。也许，雌蛙体形显著大于雄蛙这种雌性二态现象，正是对这种繁殖方式的适应，如果雄蛙体型太大，雌蛙恐怕难以背负它完成这么复杂而有难度的生殖之旅　摄影/赵健

24 小弧斑姬蛙 *Microhyla heymonsi*，姬蛙科小型蛙类，因背部中脊线两侧有2个"括弧"状黑斑而得名。主要生活在农田积水和山区水坑附近。图为繁殖期两只抱对的小弧斑姬蛙，雌性背负雄性在水中游动，寻找适合的产卵场所　摄影/赵健

26 抱对的大绿臭蛙 *Odorrana graminea*，雌蛙要背负雄蛙在湍急溪流中寻找产卵场所，雌蛙的体形大约是雄蛙的4倍，不明就里的人，还会以为是"妈妈背着小孩"　摄影/杨剑焕

25 花狭口蛙 *Kaloula pulchra*，体型较大的姬蛙科蛙类，体态甚臃肿肥钝。为南方低地和平原区常见蛙类，甚常见于城市公园和绿化较好的居民小区。夜晚鸣叫，声音甚洪亮，现常被误当成牛蛙。图为繁殖期抱对的雌蛙和雄蛙，雌蛙背负着雄蛙，雌蛙正在产卵，雄蛙同时排出精液。花狭口蛙雄蛙体形显著大于雌蛙，抱对时皮肤松弛，几乎将整个雌蛙罩起　摄影/杨剑焕

27 有时，有些"犯二"的蛙类不小心就搞错了"对象"。图为雄性花臭蛙 *Odorrana schmackri* 在紧紧抱着一只无辜的中华大蟾蜍　摄影/杨剑焕

大多数蛙类的产卵方式是把卵直接产在水里。但有一些蛙类，它们并不把卵直接产在水里，而是产在水源附近树上或植物叶子上，这些蛙类会用大量的泡沫把卵包裹起来，在泡沫里，受精卵先发育成蝌蚪，掉落或被雨水冲至地面的积水坑或水池。这种产卵方式，可以保护蛙卵以避免被其他动物吃掉，如前述的斑腿泛树蛙等，大大地提高了受精卵的孵化率。大多数树蛙都采取这种产卵方式。侧条跳树蛙 *Chiromantis vittatus* 则采用了另一种比较特别的产卵方式，雌蛙会把卵产在叶子背面上，形成卵团，而不像其他树蛙那样用大量的泡沫包裹蛙卵。此时，产卵后的母蛙会继续留在卵团附近，隔一段时间就会用身体趴在蛙卵上以保持蛙卵的湿润，避免蛙卵失水死亡。这个过程会一直持续几天直至蛙卵变成小蝌蚪，蝌蚪顺着雨水冲刷到地下的积水坑。生物学界把这种亲代会照顾后代的行为叫作亲代抚育（parental care）。在鸟类和哺乳类动物中亲代抚育的行为比较普遍，也更复杂，而目前所记录到具有亲代抚育行为的蛙类非常少。台湾有一种更有父母责任感的树蛙——艾氏树蛙 *kurixalus eiffingeri*。艾氏树蛙把卵产在竹林下层的竹筒中，每次产卵量不大，由于竹筒内的食物稀缺，母蛙会在蝌蚪的成长期内定期在竹筒中产下未受精的蛙卵给蝌蚪吃；而雄蛙也承担起家庭的保卫重担，继续留在竹筒附近，保卫竹筒里的孩子，不让其他蛙来"打扰"。

28 寒露林蛙 *Rana hanluica* 的卵产在收割后的稻田水沟内，卵被胶膜包裹，彼此黏连成团。受精卵在胶膜内发育，最后孵化成蝌蚪　摄影/杨剑焕

29 花狭口蛙的卵也产在静水中，卵被胶膜裹住，但不成团，分散在水中。卵有明显的动物极（浅色）和植物极（深色）之分。一般植物极在水中朝上，吸收热量以供受精卵发育的热量需求　摄影/杨剑焕

30 雌性的侧条跳树蛙 *Chiromantis vittatus* 在产卵之后会继续趴在蛙卵上，保持蛙卵湿润，避免蛙卵因失水而死亡　摄影/卢刚

受精卵孵化成蝌蚪后，蝌蚪仍需在水中生活，以水里的落叶、浮游生物及其他一些死掉的蝌蚪或其他动物尸体为食。也有一些蝌蚪是卵食性的，以母蛙产下的卵为食，如前述的艾氏树蛙。蝌蚪在水中的发育过程为先长出后肢，再长出前肢，同时尾巴渐渐萎缩，尾巴所储存的养分被身体吸收，最后发育成幼蛙。蝌蚪用鳃呼吸，所以离开水就无法生存。

蝌蚪经变态而成为幼蛙。幼蛙开始上陆生活，并继续发育直至成年。幼蛙和成蛙均用肺呼吸。幼蛙肺结构简单，仅为一薄囊，气体交换能力不强，还需要皮肤辅助呼吸。幼蛙和成蛙基本都是肉食性的，捕食对象包括蚯蚓、蚊子、苍蝇、甲虫、蚂蚱等，甚至会吃掉比自己小的蛙类或者其他动物。

31 华西雨蛙 *Hyla annectans* 刚刚孵化出来不久的蝌蚪　摄影/赵健

32 华西雨蛙蝌蚪继续发育，已长出芽状后肢　摄影/赵健

33 在同一水坑内，不同发育阶段的华西雨蛙蝌蚪一起生活。体大者后肢已发育完全，尾开始萎缩，但前肢还未长出，仍然处于鳃呼吸阶段　摄影/赵健

34 华西雨蛙蝌蚪前肢已经发育成型，但还有较长的尾巴，仍然处于鳃呼吸阶段
摄影/李玉龙

35 基本完成变态的华西雨蛙幼体，已经离开水面，爬到水面上的植物上，此时已经是肺呼吸阶段，从此便不再是蝌蚪了　摄影/赵健

36 成年的华西雨蛙完全摆脱了水环境，爬到水边的竹子上，自由地生活了

摄影/李玉龙

卷六

阅铭楼

天马行空的厨房狂想夜

文 / 九月

因为有了米奇的努力，我们每天早上才有了可口的蛋糕

在充满奇思妙想的童书世界里，有"童画界的毕加索"之称的莫里斯·桑达克绝对算是一个特立独行的幻想家。

《厨房之夜狂想曲》（In the Night Kitchen）是一部小朋友的黑夜历险记。在桑达克充满魔力的笔下，黑夜从一个让孩子害怕的时刻变成一段充满奇遇和乐趣的冒险时光。翻开这本书，我们不由自主跟随图画进入一个绮丽多彩的梦境。小男孩米奇在睡梦中被吵醒，然后在迷迷糊糊中光溜溜地就掉进了正在夜里做面包的厨房里。三个肥胖的厨师把米奇误当成牛奶和做蛋糕用的面糊搅拌在一起，之后被放进烤箱。米奇从面团里钻了出来，把面团捏成一架飞机。小米奇坐上面包飞机，翱翔在厨房都市的夜空，穿过各种调料瓶，看见牛奶瓶变成了摩天大楼。终于，小米奇将牛奶通过容器倒给了厨师们，让他们做成了香喷喷的蛋糕。

《厨房之夜狂想曲》是桑达克的重要作品之一，和他的《野兽国》《在那遥远的地方》一起被称为"桑达克三部曲"。用桑达克的话来说，这三本书"是同一主题的变化，表现孩子如何控制各种情绪——气愤、无聊、恐惧、挫败、嫉妒，并设法接受人生的事实"。

上个世纪50年代初，当莫里斯·桑达克走上他插画家的职业生涯道路时，同时代的儿童读物

米奇看见了变成摩天大楼的牛奶瓶

绝大多数展现出的是一个没有黑暗和邪恶的完美世界。桑达克的书风格独树一帜，以陌生而梦幻的冒险世界展现孩子的视角。书中的孩子存在于自己的想象世界中，他们和自己对话。《厨房之夜狂想曲》在1970年出版后，因为书中出现的小男孩米奇以光着身子走动的画面出镜，所以经常遭遇审查，甚至出现在美国图书馆协会的"常禁书单"里。这本书在美国好几个州都遭到非议，包括伊利诺伊、新泽西、明尼苏达及德克萨斯州，还被列入1990—1999年间一百本最常遭非议的书单当中，名列第二十一。

桑达克的生活始终被"二战"大屠杀的阴影笼罩着，他曾说过，第二次世界大战是形成他诚实的艺术风格的根源。纵观作者的童年经历，那些在儿时受的影响有助于解释为何他的创作方式与众不同。他的书中经常表现出孩子克服邪恶势力和其他复杂的情况。他的

许多故事都是关于孩子试图在面对困境的情绪，如恐惧，如缺乏安全感。

1928年桑达克出生于纽约。他的家在第一次世界大战后从波兰移民到美国。孩提时代的桑达克体弱多病，只能整天待在屋子里。他的世界只有从窗口望出去的一小块天空，但他的想象力却在禁闭的环境中蓬蓬勃勃生长起来。"童年对我来说有一种无穷无尽的魅力和吸引力，"他说，"如果我有不寻常的天赋，并不是我画得或写得比别人好——我从不如此自欺。其实是我会记得别人不记得的事物：声音、感觉和意象——童年某些特定时刻的情感特质。" 整个童年时代，桑达克最要好的朋友就是迪斯尼卡通影片里的米老鼠。他第一本自己作图作文的绘本《肯尼的窗户》出版于1956年，就是一个男孩坐在窗边，回答一些像梦游一样的问题，比如：你总是想得到你以为自己想得到的东西吗？

米奇光溜溜地掉进了厨房的面糊里　　　　　　　完成了任务，米奇学起了公鸡叫

直到上中学时，桑达克的绘画才能得到了美术老师的肯定。高中毕业后，桑达克并未进入美术专科学校深造，而是白天在一家橱窗展示公司打工，晚上在艺术学生联盟进修写生、油画课程。1950年，他人生的转折点到来，认识了将他引入童书世界的人，哈珀出版社的编辑厄休拉·诺德斯特罗姆（Ursula Nordstrom）。这让他获得了与露丝·克劳斯（Ruth Krauss）合作的机会，露丝·克劳斯是桑达克仰慕的作家之一，他们合作的《一座非常特别的房子》（A Very Special House，1953）让他在1954年赢得了第一个凯迪克奖银奖。27岁时，桑达克又创作了第一本文图都是自己创作的图画书《肯尼的窗子》，从此开始自作自画的儿童绘本创作生涯。

他曾经五度获得美国图画书最高荣誉凯迪克奖。同时也是第一位获得国际安徒生插画大奖的美国人。直到今天，他在图画书领域的领导地位是不容置疑的。但是，桑达克似乎从来不觉得绘画是一种多么了不起的艺术，音乐与文学才是。他崇拜莫扎特、舒伯特、赫曼·梅尔维尔、海因里希·冯·克莱斯特。他曾经为列夫·托尔斯泰的小说画插画，但立刻就意识到这是个"灾难"。即使插画画得很好，但原书并不需要它们。他感慨自己在跟一个天才争斗，结局是注定的，他不可能画得像托尔斯泰写的那么好。

上世纪80年代之后，桑达克已经将更多的精力放在戏剧艺术上，桑达克还为《魔笛》等歌剧和其他舞台表演设计场景和服装，与美国剧作家托尼·库什纳合作创作了剧本《大黄蜂》。但连

小男孩米奇开着面团飞机飞向夜空　　　　在经历了梦境中的历险后，米奇回到了床上

他自己也承认，只有回到绘本，回到童年的主题，他才感觉到最自由的创作状态。

在上个世纪四五十年代，儿童绘本是最没地位的一种艺术形式，甚至没有人邀请儿童绘本的作者们参加新书派对，而桑达克却发现这恰恰是与他最契合的一种形式。曾经有记者问他：像你这样有才华的人，画儿童绘本是否会觉得委屈？对于这个问题，他引用了他钟爱的一位女歌唱家克丽斯塔·路德维希的回答。有人问过她同样的问题，为什么总是唱舒伯特，他的音乐简单得像维也纳的华尔兹。女歌唱家笑道："舒伯特如此宏大，如此精巧，他只是挑选了一种看似卑微安静的形式，这样他能爬到那个形式里面，爆炸开来，以极简主义的形式，完美地表达出每一种情感。"桑达克大概也是如此。他在机缘巧合中挑选了一种最平凡极简的形式。就像误入夜晚厨房的小米奇一样，从一张挂着飞机的小床中延展开，他的小床在梦境中变成了厨房，床头挂着的飞机变成厨房中的面团飞机，还能载着他飞起来。真实世界里的牛奶瓶对他来说是那么大，像一栋摩天大楼。从简单的情节开始，逐渐勾勒渲染，直到变成层次丰富、内容精彩的图画。

可惜的是，2012年五月莫里斯·桑达克因脑中风并发症在美国康涅狄格州丹伯里逝世，终年83岁。人们纪念他，因为他的书是神奇的，他留给我们的不仅仅是开着面团飞机的小米奇、造型吓人的野兽、被绑架的米莉，更多的是他内涵丰富又深刻的艺术表现力，还有他创造的有别于真实世界的新世界。

二梅之韵

文 / 禺子

梅、蜡梅，是移民南疆的我一个深深的记忆。

在上世纪八十年代，逍遥津公园有一个梅园，我去赏过二梅。记得有一品种叫做绿萼，很是珍稀。当年没有留下文字。父亲很喜欢二梅，知道二梅是不同科属的植物。在他眼里，二梅均有着不惧严寒的品质。父亲爱梅，人间生活从来如梅一般高洁。

父亲去了天国后，我时常思念他，恍见他与一众老友，在花光艳艳、清辉朗朗的净壤里，平和有趣地享受着极乐的永恒光阴，曾经被磨难的心灵绽开梅花五瓣。我知道，那五个花瓣中三瓣是慰勉我们三个子女，色呈蔚蓝；一瓣是寄语三个孙辈，色呈油绿；一瓣是萦念所有的亲戚朋友，色呈素白。梅花中间一簇花蕊，色呈火红，分明是在记挂着母亲。

在我的《文轩苑一绝》中，可知我见到红梅与桂花同开放时的惊喜，也倾吐了我观花时的情怀。直到庚寅年正月间，在故乡参观李鸿章纪念馆，又见院中一枝红梅花开，惹我盘桓不愿离去，直到用手机把红梅录下，才阑珊而别。

数萼初含雪，孤标画自难。香中别有韵，清极不知寒。

梅，我知你久矣。百花凋零衰落时你茂盛美好，你的神采在这天地的花园中称雄。你稀疏有致投映于清清池水，朦胧月色里浮动梅的幽香，白色的冬鸟偷偷地看着。冬天里要是有蝶，它肯定醉在你的花下。

梅花是蔷薇科家族的植物，为落叶小乔木或灌木，其花色有白、红、粉色，花形美丽而不妖冶，其花味清韵且又芳香，色香并绝。梅花能在春寒料峭时独放，夏秋时又果实累累，人们便以其高雅、刚毅、圣洁的"梅格"来比德、畅神，视梅花为"国魂"。梅花在一九一九年被尊为中国国花。在文人眼中，梅花具有生气、骨气、清气。梅花一尘不染、甘于清贫的清气，折射出清高贞洁、傲世独立的人格光芒，历来为文人爱重与崇尚。梅花的寿命可长达数百年。在湖北黄梅的蔡山，有一株晋代种植的梅树，一年花开两次，誉称其"二度梅"。今人赋予梅花的花语是清雅高洁、坚贞不屈、不畏强暴、品格崇高。

篱菊抱香死，化入岁寒枝。依然色尚黄，雪中开更奇。

蜡梅，我也知你久矣。满湖被你清香弥漫，忽觉得那沉香粗俗。瘦梅样的情韵格调，鲜桂花蕊般的肌肤，月下你更高洁真诚，烟中你是静女图景。我没有世俗的挂累，有的是蜡梅样的清孤。

"冷艳清香受雪知，雨中谁把蜡为衣"的蜡梅，为蜡梅科落叶灌木。因其花色似蜡，故名。蜡梅在农历腊月开花，也叫腊梅。在经历了秋天的洗礼和寒冬的考验后，蜡梅悄然开放。蜡梅先花后叶、凌寒开放的时候，既没有他花相伴，也没有绿叶衬托。蜡梅独立寒冬，给予我格外独特的心境。

宋代诗人戴复古认为蜡梅是菊的幻化，既像菊花那样色黄，还比菊耐寒，能于雪中开花。蜡梅的香味与梅花的香味略有不同，二梅同为暗香，蜡梅于香中透出了甜甜的味道。蜡梅超凡脱俗，暗香袭人，品格高贵，具有顽强不屈的人格化魅力。今人赋予蜡梅的花语是坚贞不屈、慈爱心。

汉文化对日本影响很大。在花卉文化方面，日本不仅有樱花炫世，产生了许多歌咏樱花的好作品，梅花、蜡梅也在日本受到重视，并在欣赏花卉的诗文上，与我国有着非常多的相通与相似之处。芥川龙之介有一则题为《腊梅》的短文，说自己家栽种的腊梅在枝头"缀上了几朵琥珀似的小花"，"只有一株腊梅传到十六世孙这一代"。这在让我们对于腊梅的花形与花色产生极美的联想后，更加感到他所写的这株腊梅的珍贵。芥川龙之介用汉诗结束此文："鹅毛大雪压道枝，腊梅傲寒吐芳泽。"其与我们的体验无二，读来良多回味与共振。

在悠久的中国花文化历史上，记录二梅的雅称、别号很多，就如同看待人类自己一般，寄寓了人类自身对美好的理解与追求。我展示如下：

梅花、蜡梅，同为花中十八学士、一品九命、十二花师、中国十大香花成员。

白梅、蜡梅、山茶、水仙，合称"雪中四友"。

梅、兰、竹、菊，合称"四君子"，梅为"四君子"之首。

松、竹、梅，合称"岁寒三友"。

蜡梅、天竹，合称"岁寒二友"，为周瘦鹃写定。

梅花、山矾、水仙，并称"花兄弟"，为黄庭坚所拟。

梅花还有清友、清客之称，花魁之比。梅花凌雪怒放于正月，正月也有"梅月"之称。

蜡梅又叫素儿，出自宋人晁无咎的诗句。素儿原是诗人王直方家中最美丽的侍女，晁无咎见她后留有"芳菲意浅姿容淡，忆得素儿如引梅"诗句，蜡梅的"素儿"之名由此形成。

当下蜡梅已在江南开放，梅花蓄势待发。我写录二梅如上，以寄寓我对于二梅韵格的爱重与崇尚。

又到立春

文 / 朱伟

又一年立春，一到立春，风就变了，不再是刺骨的西北风肆虐，西北风变成了相对温和的东北风。所谓立春条风至，这是"春风杨柳万千条"的条，"条"原是细长的树枝，引申才为条理。从"长"的角度，我由此总把春风感觉成长风——从很广阔的远方铺展而来，排解开幽蓝的寒气。由此就会联想到宋玉《高唐赋》中"长风至而波起兮，若丽山之田亩"的句子——风吹波涛，如环山之梯田，多棒的气度！

这条风也称融风，"融"是指，风为号令，寒意消融，动物通气。在诸子百家中，我喜欢西汉董仲舒的天人感应说。他的《春秋繁露》中分析阴阳之气与四季的关系，描述阴阳运行的轨迹说，阳以南方为位，北方为休；阴以北方为位，南方为休；阳到其位大暑热，阴到其位大寒冻。冬天是阴从东往西，阳从西往东，相遇北方才合而为冬至。然后分离，阴右逆而上，阳左顺而下，所以下暖上寒。立春是阴阳都南返，阴返入于西北，阳返出于东南。到春分时，阳在正东，阴在正西，才与秋分一样，阴阳相半，昼夜均寒暑平。

《春秋繁露》中还说，天也有喜怒之气，哀乐之心。春天是喜气，所以万物皆生；秋天是怒气，所以万物都杀。夏天是乐气，所以万物都养；冬天是哀气，所以万物皆藏。还说，春天是阳出地而上，阴入地而下，出阳暖，所以万物生，与秋天正好相反。秋天是阴出地而上，阳入地而下，出阴清所以成。由此也就是，从立春起，暖气升腾，这暖与秋天阴气上升之肃清刚好相反——暖意越荡漾，就越多生命苏醒，各样生机融合，无数生之欲望交融，天气浊而非清。

于是这春风之魅正在一路唤起所有生机，裹挟出无限的生气勃勃。"春风和气"这个词，还意味着万物刚萌醒时，都是那样鲜嫩柔软着的谦和，一切都如淡痕，彼此才无敌意，才有那样多的包容，都能包融在淡淡的暖意中。

立春日吃春饼，典在"五熏炼形"，就是借五种荤辛来激发体内五脏之气。这五辛是小蒜、大蒜、韭、芸苔、胡荽，芸苔即油菜，胡荽即香菜。激发五脏之气也是为了顺应天地之间春风焕发的生气，以便融合进生机勃勃的天地之中。

立春日最终要记住的是"春风风人"，这是指被春风沐浴中的感悟，此词出自刘向的《说苑·贵德》——管仲说，我不能以春风风人，不能以夏雨雨人，我必穷矣。风人此后就变成诗人的代名词——在春风中的感悟，肯定就是诗。

春上图 / 丰子恺作品

韩愈的风骨与杂说

文 / 梅子

韩愈与盛唐时期的李白、杜甫相比，显然少了许多浪漫情怀。这与他身处的中唐社会与政治江河日下有直接关系。

韩愈生于唐代宗大历三年（768年），童年并不幸福。韩家为北魏贵族后裔。父仲卿在韩愈三岁时离世。韩愈跟随贬官的兄长韩会到了广东。不久，韩会也去世。他只好又随兄嫂郑氏辗转迁居到宣城。

韩会的文章写得不错，因此也影响到韩愈，加上生活颠沛流离，韩愈很小就知道只有读书才能改变命运。于是，虽然孤贫却异常勤奋好学。7岁开始读书，13岁便能写文章，显示了他极高的天分。

贞元三年（787年），19岁的韩愈赴长安参加进士考试，但三试不第。直到贞元八年（792年）第四次应考，才考中进士。按照唐律，考取进士之后，还必须参加吏部博学宏科考试，但又连考三次不中。他似乎并不善于考试。一直到贞元十二年（796年）七月，受董晋推荐，才谋得宣武军节度使一个观察推官的微小官职，这年他已29岁。官职虽小，但韩愈充分利用了这个机会。韩愈一生最大的特点是不放过任何一个机会来施展自己的政治才能和主张。在此后的三年中，他一边指导李翱、张籍等青年学文，一边宣传自己对古文革新的主张。李翱后来娶韩愈的侄女为妻，发扬韩愈的治学之道，成为唐代思想家和文学家。

799年，韩愈逃难到徐州，许泗濠节度使张建封安置他在符离。但不久张建封去世，韩愈只好到洛阳闲居。在800—801年间，向他请教文学的青年也越来越多。他在《重答李翊书》中说："言辞之不酬，礼貌之不答，虽孔子不得行于互乡，宜乎余之不为也。苟来者，吾斯进之而已矣，乌待其礼逾而情过乎？"为了"广圣人之道"，他以热情有礼貌的态度对待一切向他请教的青年，他认为这并不是什么"礼逾"和"情过"的问题。他回答许多青年的信，指示怎样做人，怎样作文。在韩愈看来，文章是作者的人格修养的表现，做人与作文应该是一致的。

空

Shoot Pictures

空镜头

武当山日记

—

文、摄影 / 肖全

肖全：四川成都人，被称为"中国最好的人像摄影师"。2012年，参加联合国"2032：我们期望的未来"公益拍摄，该主题画册被以时间胶囊的形式，存放于纽约联合国总部，并被联合国秘书长潘基文收藏。同年，获得"国家精神造就者"、"亚洲最具影响力摄影师"两个大奖。

—
—
—
—

2013年10月29日清晨起床，我从成都飞往湖北襄阳，与将从深圳夜航赶来的"问道武当"小分队会合。这个机场是中国最袖珍的机场之一，我把行李寄存在一家小卖部里，顺手买了几本有关武当山的书。出门后没有出租车了。一辆黑车把我拉出机场，城里细雨绵绵，我找了一家小酒店睡了一个回笼觉后，翻开了书，开始了我第一次迟来的武当山叩拜。

"下蟠地轴，上贯天枢"的武当山之说：古代"禹贡分野"，把中国按八卦九宫方位划分为九州。古代的九州，主要指的是长江和黄河流域的大片中原地区。武当山为坤宫荆州范围，属西南位。所谓武当山"下蟠地轴"，它是把九州比作一个车轮，认为武当山就是这个车轮的轴。车轴有轴头超于车轮平面之上，而武当山群峰拱立，恰似轴头。古有诗云："四大名山皆共捐，五方仙岳共朝宗"。

"上贯天枢"，是说构成武当山所处的地理位置及群峰拱立的奇特山势与太空中某些形体相对应。具体说，古荆州除和翼轸星对应外，又和北斗星中的第五星"玉衡"相对应。北斗星，古人称为帝星。"玉衡"处于帝星的重要位置，古人认为有司权的作用。武当山既然与之相对应，那么，作为镇山的作用就显而易见了。

古人还认为："斗为帝车，运于中央，临制四海。分阴阳，建四时，均五行，移节度，定诸纪。"地球上的岁时季候变化，都是由它发挥制衡作用。一年12个月，斗纲所指之地即节气所在之处。武当山与北斗星存某种对应关系，它所能接受到的"天之元气"必定是更多更直接的。

另外武当山还处在奇异的北纬30度附近，它是当今全球存在不解之谜最多而又最为神奇的一个特别纬带地区，如埃及金字塔、狮身人面像、亚特兰第斯大陆、诺亚方舟等等。

道长在树下站桩，说外形看是静止的，但内在却是运动的

管道长每教一个动作，都很细致地讲解和演示动作与人体相关部位发生的内在关系

知道了武当山与天地的神秘关系，我明白，朝武当山迈进是我一生中极为重要的一步。不料，大雾从天而降弥漫着整个襄阳，深圳来的航班被迫取消。

10月30日上午，老胡与张璐、孟老师才出现在机场，山上来的车接上了我们，雨下个不停，入山口主人引我们进农家乐以土鸡款待。天黑的时候我们在武当道教功夫学院的小饭堂见到了杜伯鸿校长，内部人称"团长"。他神采奕奕，谈笑风生。不一会进来了一个年轻道士，衣着白衫，盘发于头顶，面带古相，冲我们拱手行礼。校长介绍：这是管教练，这几天由他来接待你们。坐在他身边的老胡，笑盈盈地开始发问。管教练说："明天我会回答你所有问题。"

10月31日早上8点多，管教练带我们参观紫霄宫，他耐心地给我们讲解，其中一幅壁画给我留下深刻印象。张三丰看见喜鹊与蛇，启发了他创造了太极拳。相传，他在武当山修炼时，

管道长在武当山紫霄宫练拳

曾看见一只喜鹊与一条蛇打架，每当喜鹊上下飞击长蛇时，蛇就蜿蜒轻身，摇着闪避，不曾被击中。相持时久，喜鹊已精疲力竭，无可奈何地飞走了，长蛇也自由自在地钻进了草丛。张三丰根据喜鹊和蛇嬉斗的场景，认真领悟，创造了以静制动、以柔克刚的锦段和长拳两套功夫，发展为动静相结合的太极拳十三势，被奉为武当武术的祖师。壁画虽不属老画，但也有几分传神。管教练带我们转了一大圈后，把我们引进一间接待室，这里曾接待过无数大人物，老胡与管教练的聊天在茶香中进行着。

早饭期间，老胡对打太极拳时的"呼吸"是否至关重要，一直有疑问。因此，他一定要和管教练深入讨论这一点。管教练对老胡讲："不必刻板地去理解呼吸，你抓住我两只手，你看我呼吸了吗？（他身体一起动，老胡即被带退好几步。）行拳讲究气沉丹田、虚领顶劲，你摸我的气从脊椎一节节上去的，我刚才是养着丹田，现在我松开。这就是一个太极图，它这样转是往里收的，那样转是往外放的，但是它往外放还是会转回来的，这样在体内形成一个

在金顶打一套太极拳，可以更深地领会
到张三丰当年创出太极拳的深邃意境

周天了，你说我的劲从哪来？呼吸是第一原动力，练拳十二经络是通的，里面有东西在转。现在你双手搭在我的手臂上，我能感觉你的左手重。我右手一落就产生了第一原动力，你跟着我落，就给了我加了一个力，我的力转换到左手（老胡又出去了），你的力在每个细节、每个地方都能感知？'大外细内'，功夫比的是内部细的程度。

"什么是太极？中间那一点才是太极。有，不是太极；无、空才是太极。有是阴，无是阳。中间还有一个原始的就是你自己，以你自己为一个中心是一个太极图，你是唯一的。出拳的姿势重要吗？拳的外形是引导内在的变化。拳就是你自己，符号相同了，气就往你身上转。'借力用力'是打太极拳的核心点。为什么太极拳的起式动作要往下蹲？你没有力源。什么力源呢？心跳，吸气呼气，自然下沉。一沉就分腿，脚一落地又起了一个反作用力。这个反作用力就回到手上，好，走手。再下沉，下沉的时候蹬地，借地的力，力又起来了，再举手，分个左右，看动作绵延不断。你越懂得借力，你就越放松，你的架子就越低。你拳打完了，还回到这个点。你起式是什么状态，收式还是什么状态。你起式的时候很平静，练完了一样平静，但是气血在运转，会运转得更好。虚其心实其腹，弱其志强其骨，就是这个道理。你心一静心一空，气自然充盈你的身体。

"我们打太极练的气，是先天的还是后天的？我们呼吸有两个原点，一是鼻孔，再就是我们身体八万四千个毛孔，都在呼吸……"

管教练有拳功有理论，知道的东西还真不少。我一边拍照一边看屋里的摆设。对面墙上有一幅照片，是国家领导人与老道长在此会见的情景。那张椅子离我只有两尺远，我看住了自己的心，不要去坐那张椅子。

我们从房间里出来，雾仍然很大。老胡请管教练打一套太极拳，雾色里管教练的太极美轮美奂，我不停地拍照，真是享受。

回到学校，里里外外都是学员在练拳。我们只好在饭堂里一块小空间练习，管教练亲自教我们。这是我平生第一次学打太极拳，而且是在武当山，心里有说不出的滋味。如果不是上了武当山，我的手何时才会在眼前画出这道美妙的弧线！

在排队打饭时，听到有人叫我名字，1997年认识的一个香港女生薛丽出现在我面前，她独自一人上山来学太极，后来得知，还有老外在山上待了6年。薛丽给我一个优盘，是太极拳的视频，原来里面教太极拳的师傅就是管永星道长。从此我们改口叫他管道长，也叫师傅。

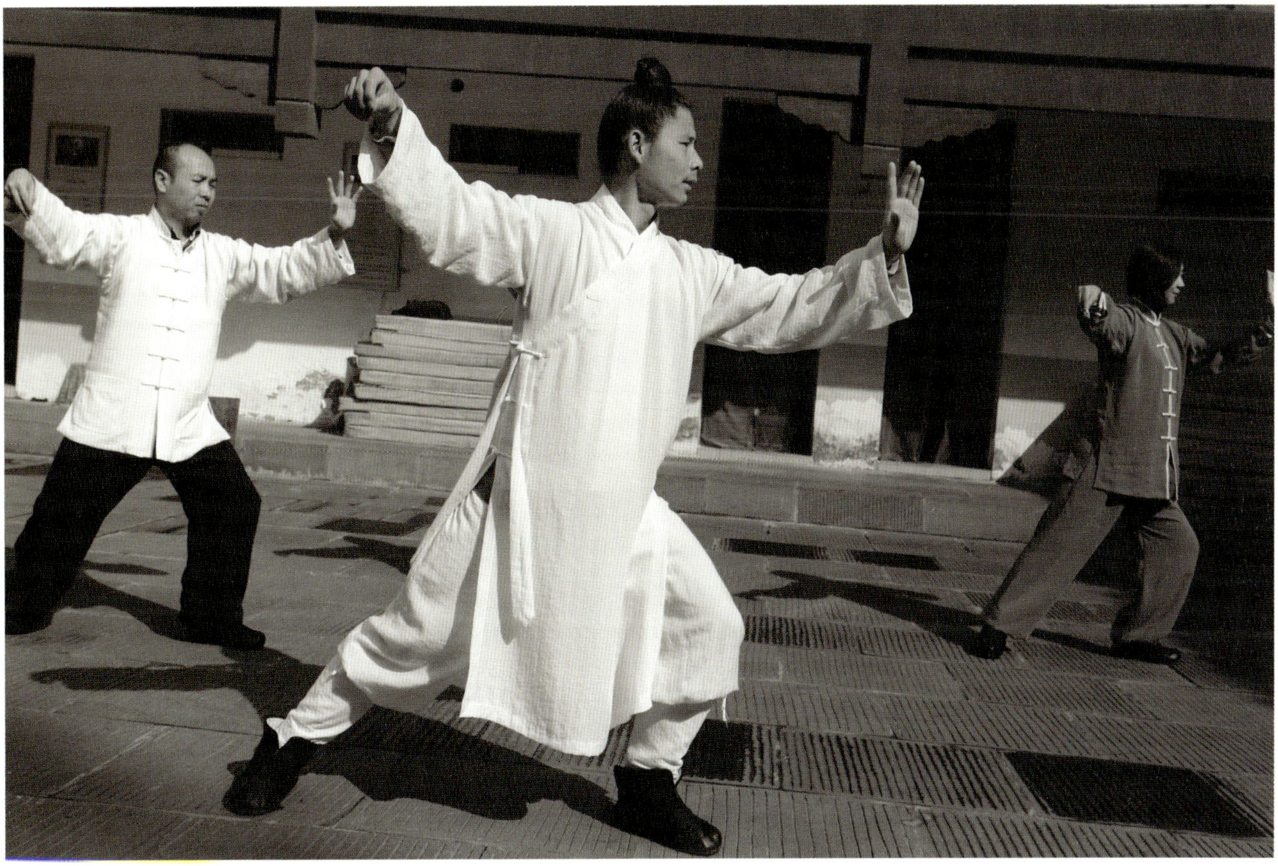

紫霄长老向徒弟们教太极拳的一些基本功法

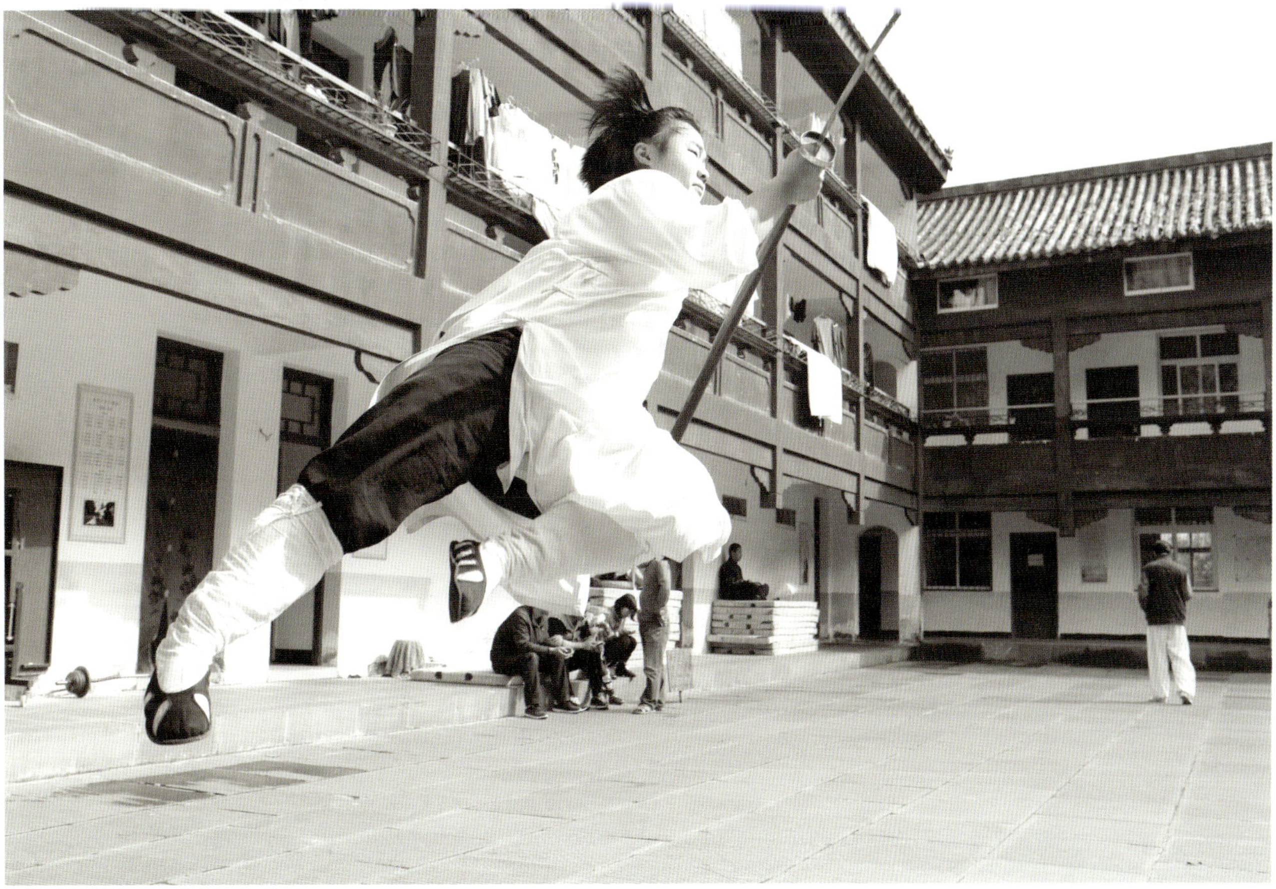

舞太极刀的功夫学员

下午管道长带我们继续游山，在大雾里我们犹如瞎子摸象，根本不知道武当山全貌，但是几处胜景里仙气逼人，不得不叹服老祖宗的智慧和神力。

在太子洞我们见到了老道长贾爷，他独自住在半山腰，自己烧水做饭，还拿出饼干分给我们吃。他自在地清心寡欲地生活，笑容伴随着他，面颊透出不可思议的红晕。

晚饭后我们也参加了学员的课，由道家学者云鹤讲授《道德经》。这一天过得很踏实。

11月2日上午，天要晴了，我们终于看见了对面的山峰。道医传人云辉道长在茶室为我们讲道医，并一一为我们把脉开方子。我们被道长缜密的宇宙观逻辑震住了，他把阴阳说得如此透彻，真有醍醐灌顶之力。他一再强调阳气阳气，刚出生的孩子阳气过剩。老人为什么要和孩子待在一起？什么是孝道？我恍然大悟。一个人阳气渐渐失去，阴气袭来他就要走了。

太阳的光芒照耀着学校操场，多日不见的阳光温暖着我们。我们个个在小卖部置了两套行头，一下从杂牌军混进了正规军，校长和管道长连连称好。我们认真地跟师傅学拳，难度很大。看似简单的比手画脚，与师傅相比差距有几光年。这是要用余生去努力的大事。

11月3日早上，管道长陪我们爬金顶："你们都是哪路神仙呀？武当山的雨、雾、晴空万里、大太阳全被你们赶上了。"

登上一望无际的武当山山顶，站在"玉皇大帝"身后，我异常喜悦，我感激老天爷对我的恩宠，赐我良机，在这里感应天地之元气。

那条路不好走，那是明（代）道；这条好走些，这是清（代）道。我们下山时管道长为我们带路。我心里升起了一个念头，我将来要来这里常住，我要好好来亲近武当山。

管道长与外籍学员练习推手

管道长让外籍学员松胯收腹

很多孩子从六七岁开始学习武术

学员必须自己背垫子到校场练功

练功之余，也不免玩耍，孩子的天性展露无余

香港女生薛丽独自上山学拳，与小学员一起练基本功

小学员将薛丽当成自己的学姐，虽然学姐的功夫很不如小妹妹

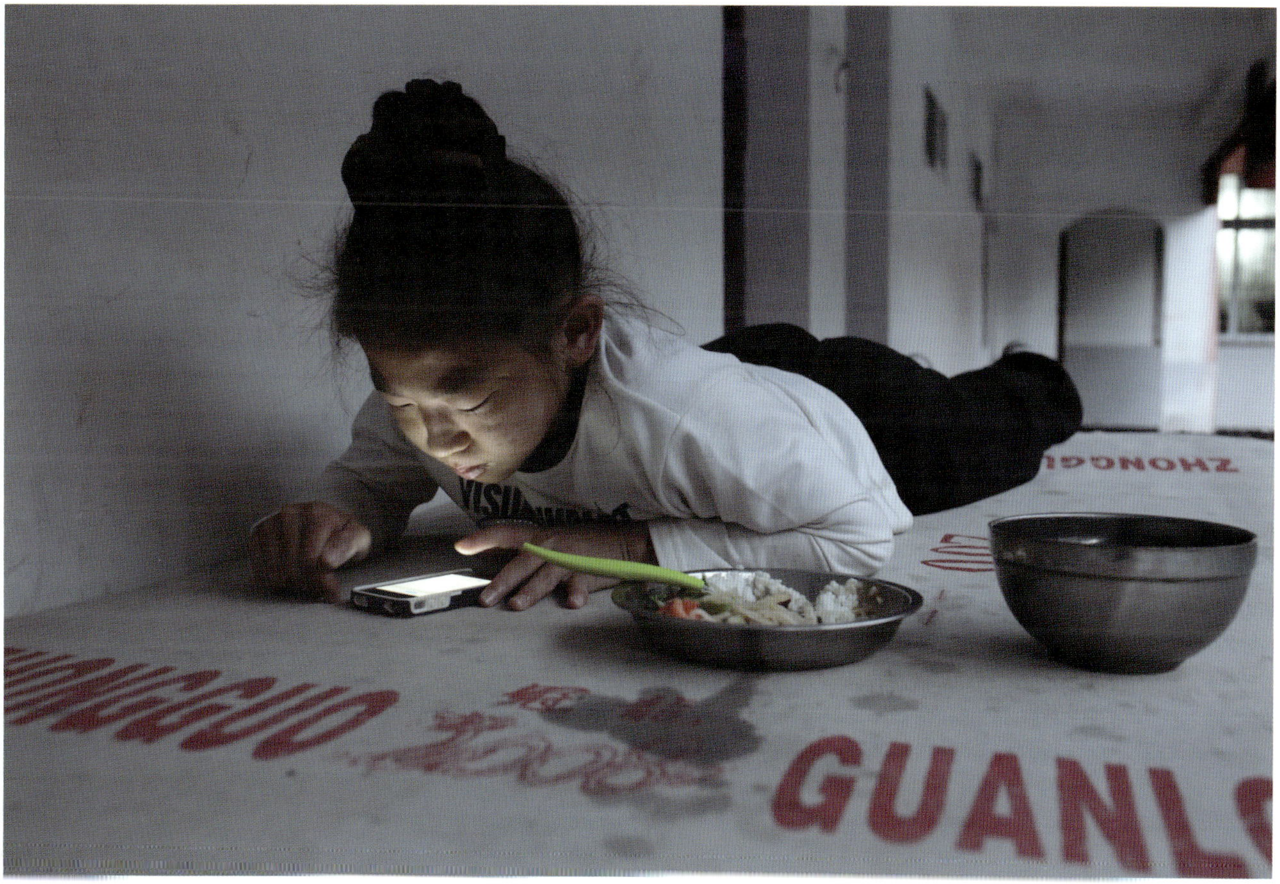

这是古老的传统武艺，一边是现代的科技文明，而粗茶淡饭却是一个旁观者

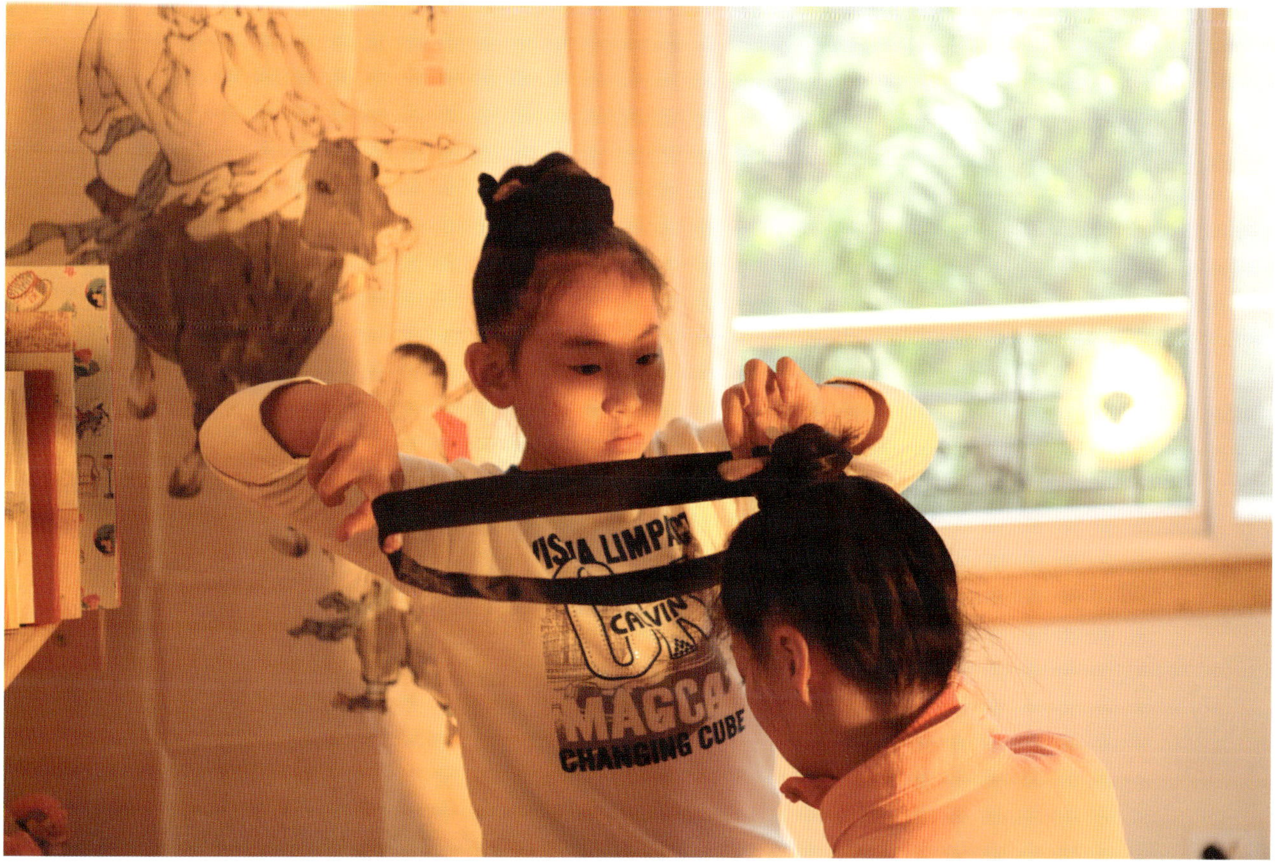

小学员在相互盘发髻

武当太子洞老道，人称贾爷。在他看来，修行悟道并不需要特别的方法，一切道法自然。他每天要烧几壶热水，用来供神。他说供什么不重要，重要的是心与神同在

贾爷的年龄是一个谜，没人说得清楚他多大了，因为，很少有人在他之前就出现在武当山

武当成为中国道教中心，这里每天都能看到古老而神秘的道教活动仪式

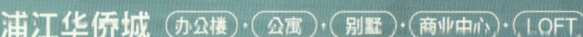